中华礼文化精讲

The Elaboration on Chinese Ritual Culture

项久雨 著

长江出版传媒　湖北美术出版社

目录
CONTENTS

序 …………………………………………………………………… 1

前言 ………………………………………………………………… 6

◎ **以礼修身是个人修养之根** ………………………………… **001**

第一章

学礼知礼　立身之本 ……………………………………… 003

诚以待人　礼之根本 ……………………………………… 009

君子慎独　不自欺也 ……………………………………… 015

功成不居　有功不傲 ……………………………………… 021

克己修身　知足常乐 ……………………………………… 026

◎ **以礼齐家是传统美德之基** ………………………………… **033**

第二章

百善孝为先 ………………………………………………… 035

孝以礼为本 ………………………………………………… 041

孝以敬为先 ………………………………………………… 047

父母在　不远游 …………………………………………… 052

老吾老以及人之老 ………………………………………… 057

◎ **以礼待人是人际交往之道** ………………………………… **063**

第三章

不念旧恶　以德报怨 ……………………………………… 065

亲疏有度　浓淡相宜 ……………………………………… 071

严于律己　宽以待人 ……………………………………… 077

敬人者　人恒敬之 ………………………………………… 082

君子和而不流 ……………………………………………… 088

◎ 第四章

以礼服人是现代管理之术 ·· **095**

用制度约束和规范行为 ·· 096

刚柔并济方能有效管理 ·· 102

相互尊重是良好上下级关系的基础 ································ 110

虚心接受下属的意见 ·· 116

礼贤下士　选贤任能 ·· 122

◎ 第五章

以礼谋事是事业成功之本 ·· **129**

踏实做事　不贪一时之功 ·· 131

凡事有度　留有余地 ·· 137

刚柔相济　方圆处世 ·· 144

忍辱负重　以屈求伸 ·· 150

君子无所争　懂得礼让 ·· 155

◎ 第六章

以礼为先是安身立命之源 ·· **161**

大直若屈　大辩若讷 ·· 163

满招损　谦受益 ·· 170

业精于勤而荒于嬉 ·· 176

独乐乐不如众乐乐 ·· 182

各尽其责　不可权责越位 ·· 187

◎ 第七章

以礼为善是国家治理之策 ·· **193**

以礼行政　为政先修身 ·· 195

常存向善之心 ·· 203

礼仪三百　威仪三千 ·· 209

礼者　所以正身也 ·· 214

一碗水端平才可以赢得众人心 ·· 221

后　记 ·· 227

参考文献 ·· 230

序

丰子义

　　"文化兴国运兴，文化强民族强"，中华礼文化作为中华文化的集中体现，对中华民族的发展壮大具有深远影响。当前，我国进入建设社会主义现代化国家时期，这一时期大力发展中华礼文化对进一步坚定文化自信、提升中华民族向心力与凝聚力，建设文化强国，实现中华民族伟大复兴具有重要价值。从国际局势来看，世界处于百年未有之大变局，国际环境日趋复杂，意识形态领域斗争更加激烈，此时大力发展中华礼文化对掌握意识形态斗争主动权，实施高水平对外开放，开拓合作共赢新局面具有引导价值。《中华礼文化精讲》一书的写作与出版正是在这样的时代背景下产生。

　　《中华礼文化精讲》由七章组成，其框架清晰、逻辑性强，是图志中华礼文化的力作。第一章，从修身出发，强调以礼修身对个人人格完善的重要价值，认为以礼修身是个人修养之根。第二章，以家庭为起点，论述以家为本位、家国同构的社会结构中以礼齐家对个体家庭以及国家的意义，认为以礼齐家是传统美德之基。第三章，从人与社会关系的角度来论证人处于社会关系之中，只有把握礼的精髓，将仁爱、忠恕之道作为人际交往的根本，才能实现人际关系和谐，进一步领悟以礼待人是人际交往之道的深刻内涵。第四章，从现代管理的角度出发，认为以礼服人是现代管理之术，论证在现代管理的过程中，以礼服人必须把人放在中心位置，坚持以人为本，才是现代管理的重要方法。第五章，从个人事业发展的角度来论证以礼谋事是事业成功之本，强调谋事要实，谋事以实是事业成功的根本。第六章，从个人安身立命的角度出发，论证以礼为先是安身立命之源，强调以礼的方式处理人与人、人与社会、人与自然的关系。第七章，从国家治理的角度来论述以礼为善，着重论述善治在推进国家治理体系与治理能力现代化过程中的重要价值。

《中华礼文化精讲》的特色主要包含以下三个方面。

一是在指导思想上突出马克思主义意识形态的指导地位。新时代巩固马克思主义意识形态指导地位必须坚持社会主义核心价值观，以社会主义核心价值观作为载体来凝聚中国精神。社会主义核心价值观凝结着全体人民共同的价值追求，是当代中国马克思主义意识形态的最新体现，是我国发展文化建设的价值引领，也是中华礼文化发展的根本遵循。本书的特色在于以社会主义核心价值观引领文化建设，突出社会主义核心价值观对中华礼文化发展的引领价值，从个人、社会、国家三个层次分别论述中华礼文化的内涵与当代价值。

二是在逻辑结构上强调类与通相结合。"类"是指本书在谋篇布局时遵循个人—社会—国家这样逻辑顺序，"通"是指本书在论证内容时强调辩证思维，强调古今结合，注重批判地继承，古为今用，把握其精神实质与精神传承。在设计本书内容框架时分门别类，以点带面，按照个人—社会—国家的逻辑顺序，层层推进，精准把握中华礼文化的内涵与当代价值。另外，在以类的形式展开论述时遵循辩证思维，采取古今结合的方式，在论述中华礼文化七个方面的内涵与价值时，不仅讲述其内涵的历史渊源及适用范围，更强调结合中华礼文化的发展趋势，论述中华礼文化的当代价值，注重批判地继承，古为今用。同时，在论述中华礼文化七个方面的内容时，更注重把握精神的传承，注重礼反映的精神内核。

三是在内容上强调育人与治理相结合。本书的特色在于突出育人与治理的双重作用，不仅论述中华礼文化对培养德智体美全面发展的社会主义建设者和接班人的根本意义，更强调整合文化资源对实现有效治理的价值意蕴。在内容设计上，一方面坚持以立德树人为根本，把立德树人放在首位，突出中华礼文化的育人功能，着重突出礼对个人、家庭、社会以及国家的价值；另一方面，强调中华礼文化对实现共建共治共享的社会治理格局的意义，以及在我国推进国家治理体系与国家治理能力现代化中以礼为善的价值所在。

四是在写作风格上注重学理性与趣味性相结合。本书的学理性主要表现在关注中华礼文化的发展脉络与渊源，探讨中华礼文化内容各个方面的逻辑关联，准确把握中华礼文化发展的内在本质与规律性，在论证本书内容时能够做到旁征博引，增加知识的宽度，广泛涉及已有的理论与观点，并加以分析，增强论证的说服力。同时，在语言表达过程中，能够采取一种读者喜闻乐见的文字去讲述，增强文章的趣味性，力图做到以文字引起读者的共鸣，满足广大人民大众的文化需求与精神力量增长的需求。

总之，礼文化对中国历史发展产生了深远影响，《中华礼文化精讲》一书的研究注重史论结合，不仅分析中华礼文化发展的历史脉络及具体内涵，更观照中华礼文化发展的现实，把握当今时代对中华礼文化发展的具体要求。因此，相信本书的出版对我们认识中华礼文化的内涵，进一步发掘中华礼文化的时代价值，繁荣中华文化，建设文化强国具有启发意义。

（作者系北京大学博雅讲席教授、博士生导师）

前言
PREFACE

    中国作为历史悠久的文明古国，一向以礼仪之邦著称于世，而"礼"作为中国古代文化的核心，主要包含"礼"与"仪"两大要素。"礼"包含社会制度、道德准则、生活规范等，规定了礼的核心内涵，"仪"作为一种形式与载体，包括礼的各种仪式、仪节等，"礼"与"仪"二者互为表里，构成了礼仪的逻辑运行方式。"礼"的精神内核不仅滋养了中国古代社会，也惠及当代社会，其贯穿于"修身、齐家、治国、平天下"的全过程，是我国独有的一种文化传统与治国方式。传统礼文化所承载的"礼"的核心内容主要包括"讲仁爱、重民本、守诚信、崇正义、尚和合、求大同"等，当代中华礼文化中，"礼"的核心内涵又被赋予新的时代内容，比如坚持以马克思主义为指导，坚持共产主义理想信念、坚持以人民为中心的思想、坚持艰苦奋斗的作风、坚持彻底的自我革命精神等，即在传统中华文化"礼"的核心内容基础上增加了革命文化与社会主义先进文化中关于"礼"的精神内核。而围绕"礼"的核心内容则是一系列的礼节、仪式、礼仪制度，两者相得益彰，推动了中华文化的发展。从礼仪的形式来看，中国古代礼仪内容广泛，涉及国家、社会生活的各个方面，国家层面的礼仪主要包括吉礼、凶礼、军礼、宾礼、嘉礼五大类，日常生活礼仪主要包括诞生礼、成年礼、飨宴饮食礼、宾礼、五祀、傩仪等。现代礼仪主要分为交往礼仪与行业礼仪两大类，具体包括形象礼仪、服饰礼仪、言谈礼仪、宴饮礼仪、服务礼仪、政务礼仪、商务礼仪、宗教礼仪等。

礼仪作为一种制度规定、道德规范与社会生活方式，已经渗透进中国人民的价值取向与行为准则，对中华民族的发展产生了深刻影响。作为一种制度规定，它维护了统治阶级的利益，为统治阶级服务，保证了国家制度的稳定性与连续性。作为一种道德规范，它以非强制性的道德要求切实调节了社会纠纷，维护了社会秩序，并且达到了向善的目的。作为一种社会生活方式，它让民众的生活变得有活力和仪式感，起到了调节万民生活的作用。鉴于此，我们可以说礼仪是了解中国历史文化和国家治理方式的重要切入口，了解中华礼文化的发展历程，有助于我们揭示中华民族绵延不衰、中华文明生生不息的秘密，并从中探索人类社会发展的规律。

中华礼文化源远流长，有其独特的历史发展脉络与轨迹，探究其发展的历史过程，对于我们批判地继承中华文化遗产，进一步创新发展中华文化，发挥中华文化的当代价值具有深远意义。在远古时期，由于人类还处于发展初期，生产力水平低下，无法正确认识自然界存在的各种现象，因此会按照一定的仪式和程序举行各种祭祀活动，以求得生存，此时，中华礼文化开始萌芽。随着生产力的进一步发展，在原始社会后期，中华礼文化发展由约定俗成的现象开始向成文的礼仪制度转变，由单一的祭祀之礼向多方面拓展，这一时期，出现了以吉礼、凶礼、宾礼、军礼和嘉礼为主要内容的"五礼"之说，中华礼文化处于孕育时期。到了夏商周时期，人类社会进入到奴隶社会形态，私有制的出现促使中华礼文化形成了区分尊卑贵贱、亲疏等级的严格礼法典制。《周礼》作为中国流传至今的第一部礼仪专著，记录了完整的、严格的宗法制和等级制相结合的礼仪制度。在这一时期，礼仪发展不仅关涉政治制度，是为封建统治服务的政治工具，还关涉民众生活的各个方面，以丰富的内容规定了民间生活的形态，标志着中华礼文化趋于完备。

　　春秋战国时期，社会处于"礼崩乐坏"中，此时中华礼文化处于变革时期，孔子编订了《仪礼》（又称《礼经》或《士礼》），其内容主要侧重礼仪规范，比如冠、婚、丧、祭、朝、聘、宴享等典礼的详细仪式。以孔子为代表的儒家则提出了"克己复礼"的思想，想要以周礼治理国家，维护社会秩序。在《论语·八佾》中，孔子说："周监于二代，郁郁乎文哉！吾从周。"表明了孔子对周朝礼乐制度的认可与维护，但是孔子是以一种发展的态度看待周礼，在《论语·为政》中，他指出"殷因于夏礼，所损益，可知也；周因于殷礼，所损益，可知也"。孔子对礼仪的发展不仅在于强调周礼作为礼法典制的重要地位，还在于主张以德治国，将礼仪与道德紧密联系起来，通过情感体验与道德感化实现礼仪的内嵌式发展。在《论语·颜渊》中，孔子说"克己复礼为仁。一日克己复礼，天下归仁焉"。孟子则在孔子的基础上提出了把礼作为一种实践，来检验人内心的善德，在《孟子·尽心下》中，他提出"动容周旋中礼者，盛德之至也"，认为礼不仅是一种对人内心的道德要求和外在的礼法典制，更是一种实践履行，最终达到治国修身的目的。此外，孟子提出了仁政和王道的思想，强调以德服人，依礼来治理国家，统治人民。荀子提出了"隆礼贵义"的思想，在《劝学》中，他认为"礼者，法之大分、类之纲纪也。故学至乎礼而止矣。夫是之谓道德之极"，认为礼是道德生活和社会生活的最高准则。

　　秦汉时期，中华礼文化发展进入到了一个新的阶段，在先秦及秦朝焚书坑儒之前的一段时期，中华礼文化的作用主要是作为一种国家治理的手段，一方面用于维护等差有序的等级秩序，如《慎子·逸文》中说"礼从俗，政从上，使从君。国有贵贱之礼，无贤不肖之礼；有长幼之礼，无勇怯之礼；有亲疏之礼，无爱憎之礼也"。另一方面将法与礼相结合，既强调法家思想的重要价值，又充分发挥礼的作用，以便更好地统治人民。如商鞅在《商君书·更法》中指出："法者，所以爱民也；礼者，所以便事也。"到了秦统一六国后，为了加强统治，实行"焚书坑儒"，使得中华礼文化的发展遭到了打击和禁锢，秦朝末年，繁重的赋税、严酷的刑罚与文化专制主义最终导致农民起义，秦朝灭亡。汉朝在总结秦朝历史的经验和教训后，对中华礼文化有了进一步发展，西汉礼学家戴圣编著的《礼记》是影响深远的重要典籍，其共分为20卷49篇，包含《曲礼》《檀弓》《玉藻》《杂记》《内则》等。陆贾、贾谊及董仲舒等人对这一时期礼仪发展作出了重要贡献。陆贾在《新语·道基》中写到"民知畏法，而无礼义；于是中圣乃设辟雍庠序之教，以正上下之仪，明父子之礼，君臣之义"，主张通过礼仪教化，明确各等级关系，实现国家治理与社会和谐。贾谊对于礼仪发展的贡献主要在于强调礼治的外在规范与内在价值取向相结合，主张礼治可以达到劝人向善的道德作用。他说："以礼义治之者，积礼义；以刑罚治之者，积刑罚。刑罚积而民怨背，礼义积而民和亲。"（《治安策》）董仲舒提出"罢黜百家，独尊儒术"的思想，确立了儒家正统地位，使礼教进入国家体制。董仲舒提出的"三纲五常"思想的核心就是确立礼教对封建等级关系和伦理秩序的价值，强调礼教对修身及社会治理方面的重要作用，他指出："非礼而不言，非礼而不动。好色而无礼则流，饮食而无礼则争，流争则乱。

夫礼，体情而防乱者也。" （《春秋繁露·天地施》）

魏晋南北朝及隋唐时期，中华礼文化发展受到了玄学、道教以及佛教等思想的影响，得到了多元融合与深化发展，但是儒家思想受到一定的削弱，儒家关于"礼"的思想发展也受到了限制。到了宋代，儒学发展进入理学阶段，理学思想开始走向制度化，形成了一种制度化的礼教。作为理学创始人之一的张载将"礼"的来源归于"天"，认为："礼不必皆出于人，至如无人，天地之礼自然而有，何假于人？"（《经学理窟·礼乐》）同时，提出要通过"学礼"来改变人的气质，来守住自己的本性。程颐则把"礼"纳入天理的范畴，认为礼是天理在人伦世界的体现，认为"视听言动，非理不为，即是礼，礼即是理也"。（《程氏遗书·入关语录》）由于理是世界的本源，也是社会生活的最高准则，因此在现实世界中的人应该以"礼"来规范自己的言行举止，遵守一定的行为准则。朱熹继承了程颐的思想，把礼看作天理之节文，并由此制定了具体的礼仪规范。同时，朱熹在"礼"的方面强调"三纲五常，礼之大体，三代相继，皆因之而不能变"（《论语集注》），强化了"三纲五常"的作用，规范了人的行为，也制约了人思想的自由发展。

明清时期，礼教思想走向衰微。明朝建国后，形成了一套以儒家之"礼"为核心的维护封建统治的礼教制度，并贯穿于社会生活的各个方面。同时，这一时期资本主义萌芽产生，封建礼教思想受到冲击，思想领域出现了反思传统儒家礼教思想的浪潮，主要代表人物有李贽、黄宗羲、顾炎武、王夫之等，他们开始反思中国封建礼教文化中的落后因素，开始掀起一股礼文化发展的新浪潮。比如李贽的反封建礼教、反封建传统，提倡个性解放和自由，动摇了封建礼教思想。到了清朝，由于封建专制制度的衰落以及新的社会因素的出现，使得中华礼文化的发展受到了内部与外部文化的双重冲击，这一时期，以曾国藩为代表的传统儒学家，试图通过维护"礼"来挽救清朝的封建统治，提出礼学经世的主张，认为礼具有修己治人的作用。他在《圣哲画像记》中指出："先王之道所谓修己治人、经纬万汇者，何归乎？亦曰礼而已矣。"他所主张的以礼自治、以礼治人作用主要表现为道德认知与实践履行两方面，即"自内焉者言之，舍礼无所谓道德；自外焉者言之，舍礼无所谓政事"。曾国藩对"礼"的坚持维护反映了他对理学精神的坚守，也体现了他的思想局限。不可否认的是，清朝末年封建统治集团内部不断腐朽没落，外加列强侵略和西方文化冲击，中国制度和中国社会的变革已经势不可挡。传统封建礼教阻碍了中国前进的步伐，禁锢了社会变革和自由思想的发展，因此成为近代以来新思潮攻击的首要目标。

近代，中国进入半殖民地半封建社会，中华礼文化发展进入中西合璧阶段。一方面，儒家文化因西方文明的侵入及自身发展的困境，各种弊端凸显，封建礼教思想不断衰落。比如在中国所奉行的"天下"观，即认为"天下"的中央是中原的华夏之邦。"天下"围绕中原的华夏之邦而展开，而对于西方文明来说，"天下"的范围更广，它指的是世界，而中国只是世界的一部分，因此，在西方文明进入国门后，中国传统的封建的礼治体系逐渐崩塌，不符合时代发展潮流和趋势的礼仪和礼制被遗弃。另一方面，部分西方礼文化被中国兼收并蓄，并为我国礼文化发展注入新的生机和活力，比如提出剪辫子、禁缠足、易服饰、改称呼，等等。可以说，中国近代礼文化的发展，是一个由被迫接受到主动自我选择的过程，在这一时期，一开始由于西方的侵略，中国在救亡图存的道路上开始从西方的器物、制度、精神等各个方面仿效西方文明，但是由于没有将西方文化与中国实际相结合，最终导致失败。之后中国开始主动自我选择适合自身发展的礼文化，比较有代表性的是新文化运动时期，以陈独秀、李大钊等为代表的知识分子对我国传统封建礼教的批判，彻底动摇了封建统治的根基与社会意识形态，在这之后中国礼文化开始以民主和科学为指向。

中华人民共和国成立后，中华礼文化在批判继承中不断发展。在"文化大革命"之前，中华礼文化主要是在批判封建社会礼教基础上发展，比如提出移风易俗的口号，开展扫盲识字运动等。到了"文化大革命"期间，中华礼文化发展遭受到了重创，走了一段曲折的弯路。进入改革开放时期，中华礼文化进入全新的发展阶段。改革开放之初，党的十二届六中全会通过的《中共中央关于社会主义精神文明建设指导方针的决议》，对推动精神文明建设，发展当代中华礼文化具有重要意义。这一时期，主要提出开展"五讲四美三热爱"活动，推动并落实国家关于礼文化发展的进程。具体来说，1981年《关于开展文明礼貌活动的倡议》，号召全国人民开展以"五讲四美"为主要内容的文明礼貌活动，对我国现代礼文化发展具有里程碑的意义。1983年，又增加了"热爱祖国、热爱党、热爱社会主义"的内容，进一步推动了现代礼文化发展。到了1996年，十四届六中全会明确提出要开展以"讲文明树新风"为主要内容的文明村镇、文明城市、文明行业的群众性创建活动，进一步推动了我国礼文化的现代化发展进程。2001年，为加强公民道德建设，提升公民现代礼仪素养，中共中央印发实施了《公民道德建设实施纲要》，对公民个人的道德规范做了明确要求。

2006 年，胡锦涛同志提出要引导广大干部群众特别是青少年树立以"八荣八耻"为主要内容的社会主义荣辱观，提升我国人民的思想道德素质，推动社会主义礼文化发展。党的十八大以来，以习近平同志为核心的党中央高度重视当代中华礼文化的创新发展，明确指出："礼仪是宣示价值观、教化人民的有效方式，要有计划地建立和规范一些礼仪制度，如升国旗仪式、成人仪式、入党入团入队仪式等，利用重大纪念日、民族传统节日等契机，组织开展形式多样的纪念庆典活动，传播主流价值，增强人们的认同感和归属感。"此外，他提出要加强社会主义核心价值观建设，将中华优秀传统文化同社会主义核心价值观有机融合，在弘扬和培育社会主义核心价值观的过程中实现当代中华礼文化的创新发展，这对进一步推动社会主义文化繁荣发展具有重要启示意义。

文化是一个国家、一个民族的灵魂，而中华礼文化作为中国文化精髓的载体与呈现形式，充分展现了中国文化的博大精深，对中国乃至世界都产生了深远影响。大力推动中华礼文化发展不仅是国内文化发展的战略需求，还是中国文化走向国际的应然要求。对于国内来说，发展中华礼文化的重大价值首先体现在助推我国社会主义核心价值观的培育和践行。社会主义核心价值观不是凭空产生的，是在对中华传统核心价值理念的批判继承与创新发展基础上所形成的，进言之，社会主义核心价值观是以习近平为核心的党中央汲取中华优秀传统文化、革命文化以及社会主义先进文化所酝酿出的理念，因此在培育和践行社会主义核心价值观的过程中，必须发挥中华礼文化的重要作用，借鉴中华礼文化的合理内涵，并发挥中华礼文化的制度规范与导向作用，将社会主义核心价值观落到实处。其次，大力发展中华礼文化有利于增强中华民族人民的认同感与归属感，激发广大人民群众爱国热情，增强民族凝聚力。中华礼文化以具象形式展示了民族精神的内涵实质，是文化宣传、教育人民的有效手段。通过诸如重大节日的纪念、庆典活动，传统节日的各类文娱项目，重要场合的规范性程序仪式等，传递契合社会发展要求的正能量，为实现中华民族伟大复兴的中国梦积蓄磅礴力量。同时，发挥礼仪制度的导向作用，以制度化的方式来强调中华礼文化的规范性与实践性，这对切实增强爱国主义情感、提升民族凝聚力具有积极意义。

从国际战略的考量来说，当前世界正处于百年未有之大变局，以美国为首的西方大国的国际影响力逐渐下降，西方资本主义国家的发展瓶颈越来越难突破。受西方"修昔底德陷阱"思想的影响，一些国家对中国崛起抱有敌视和偏见，认为中国国强必霸，对中国发展存有许多误解。为了让世界人民准确地了解和认识真实的、立体的、全面的中国，就必须发挥中华礼文化的重要作用，就必须以开放的态度讲好中国故事，传递好中国声音，传播好中国价值。中华礼文化历经数千年岁月的沉淀，集中彰显了中华民族的精神内核，我们主张"各美其美，美人之美，美美与共，天下大同"，主张"万物并育而不相害，道并行而不相悖"，主张"以和为贵，和而不同"，主张和平发展、合作共赢。这些有益于全人类发展的价值理念通过礼仪的形式向世界展示，对提升中华文化影响力，增强中国文化软实力具有重要意义。

那么如何评价和看待中华礼文化的价值？习近平总书记于 2014 年 10 月 15 日召开文艺工作座谈会时强调："传承中华文化，绝不是简单复古，也不是盲目排外，而是古为今用、洋为中用，辩证取舍、推陈出新，摒弃消极因素，继承积极思想，以古之规矩，开今之生面，实现中华文化的创造性转化和创新性发展。"因此，在发展中华礼文化的过程中，我们既需要继承和发扬我国传统礼文化中的积极因素，比如讲仁爱、重民本、守诚信、崇正义、尚和合、求大同的传统礼仪观，同时将这些传统礼仪观与社会主义核心价值观相结合，推陈出新，推动中华礼文化的现代化。同时，对我国传统礼文化中的糟粕必须予以去除，特别是宣扬男尊女卑，维护封建等级制度的礼仪，比如强调愚忠愚孝，对妇女要求三从四德等。对于西方礼文化，我们应该秉承"文明因多样而交流，因交流而互鉴，因互鉴而发展"的原则。以开放、包容的态度对待西方礼文化，吸收借鉴其优秀礼文化，并为我国礼文化发展所用，才是我们发展礼文化应有的态度，基于此，习近平总书记才提出构建人类命运共同体思想，推动中华礼文化走向世界，为世界文化发展贡献自身力量。同时，必须舍弃西方礼文化中对等级制度、种族歧视、个人主义、利己主义、功利主义等维护的礼仪。总体来说，发展中华礼文化，必须坚持以马克思主义为指导，古为今用、洋为中用，实现中华礼文化的创造性转化与创新性发展。

从现有研究来看，关于中华礼文化的研究成果主要分为著作研究和论文研究两类。著作研究较为系统、全面地梳理和探究了有关中华礼文化的多个重要课题，从宏观来看主要包括中华礼文化的起源与成因，中华礼文化的动向与发展，中华礼文化与政治、经济、文化（道德、宗教等）、社会等方面的关系，中华礼文化的类型等。从微观来看主要是详细介绍了中华礼文化在日常社会生活中的具体实现形式，如形象礼仪、服饰礼仪、言谈礼仪、宴饮礼仪、会客礼仪、商务礼仪、公关礼仪等。论文研究主要涉及中华礼文化的内涵、现状和对比研究，中华礼文化与社会主义核心价值观的关系研究，中华传统礼文化的当代价值研究，中华礼文化的创新与发展研究，中华礼文化教育的理论与现实问题研究等。

综观以往研究成果可知，关于中华礼文化研究的著作较多，论文较少。在研究内容上，既有研究成果多关注中华礼文化的宏观概况和具体礼仪类型，多为梳理性和描述性的研究，对中华礼文化的深层价值意蕴和强大功能作用的挖掘还不充分，在新时代背景下仍有广阔的研究空间。不可否认的是，中华礼文化对于个人的安身立命、为人处事，对于社会的管理有序、安定和谐，对于国家的治理有方、团结统一具有重大意义，应加强这些方面的研究，为具体政策的落实提供科学的理论指导。此外，关于中华礼文化的纵向性、历史性研究较多，对中华礼文化的横向比较研究较少。在研究方法上，关于中华礼文化的研究一般为定性研究，多采取历史回顾、文献分析、实地考察、人物访谈等方法，定量研究较少。随着学科交叉的深化和新技术的发展成熟，未来中华礼文化的研究方法将更加多元。为了更好地适应理论为实践服务的要求，本专著将"礼"的内涵与价值同当代社会需求紧密结合，将"礼"看作国家治理的必要手段，以真善美为价值导向探究"礼"的历史逻辑、理论逻辑与实践逻辑，旨在为公民道德建设顺利推进、为中国特色社会主义文化繁荣、为中华民族伟大复兴贡献一份力量。鉴于此，本专著研究有两个特点：其一，在研究中华礼文化对个人道德培育和全面发展的重要作用和深远影响的基础上，明确"礼"在实现国家治理体系和治理能力现代化中的价值定位和功能路径。其二，通过透视中华礼文化的表现形态，探究中华礼文化的存在本质和精神实质，以点带面全方位审视中华礼文化的发展图谱。

　　具体来说，本专著认为中华礼文化作为承接过往、连通现在、伸向未来的文化纽带，是我们回溯历史、把握当下、谋划未来的重要参照。专著将从七个方面叙述和阐释中华礼文化的丰富内涵，并借助流传百世的经典故事来展示中华礼文化的独特风韵。其一，以礼修身是个人修养之根。《大学》中说："身修而后家齐，家齐而后国治。"表明了修身对齐家、治国的意义与价值。而以礼修身作为个人修养的根本，是强调"礼"作为一种道德规范，对个人成长发展的导向与规范作用。修身包括修德与修智两方面，只有以礼修身才能实现立德树人的目标，才能实现个人人格的完善。以礼修身要求个人遵守国家制定的道德规范，践行国家倡导的道德要求，不断提升个人的思想品德修养。在现代中华礼文化的语境中，修德的最根本要求是坚持正确的政治方向，锤炼过硬的政治定力，即要坚持共产主义和中国特色社会主义理想信念，坚决反对历史虚无主义、个人利己主义等错误价值导向，争做合格的社会主义建设者和接班人。修智则强调厚积才学、才德兼备，要求个人有能力将所学的知识技术转化为社会效能，为国家的长远发展贡献源源不断的智慧力量。其二，以礼齐家是传统美德之基。家庭是社会的基本细胞，家庭和谐是国家安定的前提。以家庭美德为根本，推及社会治理之法和国家统治之道，是中华文化中的传统做法，也是传统美德得以延续的基本条件。进言之，尊老爱幼、孝顺父母、夫妻和睦、兄友弟恭、勤俭持家、邻里团结等传统美德要想在家庭管理中得以实践和延续，离不开中华礼文化的道德约束、价值导向和礼仪规范作用。只有形成良好的家风、家训，实现家庭的优化教育，才能促进社会的长足进步和国家的长远发展。其三，以礼待人是人际交往之道。以礼待人是中华民族的优良传统，是人际交往之道。在人际交往中，以礼待人的"礼"不仅是一种外在规范，对人的外在约束，同时也是一种内在要求，要求"礼"以仁爱为根本。在中国传统儒家思想中，"礼"的论述主要是与仁爱相关。以礼待人就是要做到仁者爱人，在人际交往中，必须以仁爱为目的与人交往，做到爱人，同时以礼仪为外在规范，才能做到合乎规矩。以仁为目的与人交往还要注重忠恕之道，"己欲立而立人，己欲达而达人""己所不欲，勿施于人"，因此，以礼待人的实现必须把握"礼"的精髓，将仁爱、忠恕之道作为人际交往的根本，通过礼仪形式的外在表现将二者相互融合，才能真正做到以礼待人，实现人际交往的和谐。其四，以礼服人是现代管理之术。在现代管理中，以礼服人是指管理者通过制定科学合理的规章制度，营造积极健康的文化氛围，采用合乎人性的管理方式，促使被管理者认同、信服当前的管理模式。以礼服人的本质是以人为本，体现为尊重人的人格，保障人的权益，关心人的发展。以礼服人的实现需要制定一系列礼仪制度来规范被管理者的言行举止，使其在各种管理活动中受到良好熏陶和感化，从而自觉形成组织意识、纪律意识和礼节意识。其五，以礼谋事是事业成功之本。在个人事业发展的过程中，以礼的态度和方式来处事，一方面是指个人行为不触碰法律红线，不违反道德准则，懂得用高标准严要求来提升自己的道德修养，这是事业步入正确轨道的基本前提。另一方面，以礼谋事要求我们谋事以实，即坚持实事求是的原则，在认清现实条件的基础上制定合理的发展规划，脚踏实地做好每一件小事，避免好高骛远，从容地实现最终目标。其六，以礼为先是安身立命之源。"礼"作为个人安身立命之源的重要价值体现在：在人与人的相处中要做到尊重、谦让、包容；在人与社会的相处中要做到遵纪守法、爱护公物等；在人与自然的相处中要做到尊重自然、爱护自然、保护自然。以"礼"的方式处理人与人、人与社会、人与自然的关系，这是人能够安身立命之源。

其七，以礼为善是国家治理之策。善治是中华民族的美好追求，现代中国的国家治理也强调善治，实现善治的核心就是"礼"，具体而言，善治既要求以"礼"的核心价值为指导原则，即要以仁治国、以德治国，又要求恰当地发挥法律的作用，强调良法的重要性。党的十八届四中全会通过的《中共中央关于全面推进依法治国若干重大问题的决定》中首次提出："法律是治国之重器，良法是善治之前提。"良法和善德相互补充、密不可分，共同支撑起国家治理的实现模式和实践逻辑。

总之，中华礼文化内涵丰富、源远流长，是中华民族在长期历史发展过程中保留下来的精神遗产，这一份遗产对现当代中国制度的制定、道德规范的形成、社会日常生活仪式和礼节都产生了深刻影响。中国自古就是一个讲究礼法兼治的国家，既强调"礼"的柔性力量对国家和社会安宁和谐的引领作用，又强调"法"的刚性力量对国家和社会安定有序的保障作用，我们应该站在客观理性的角度全面看待中华礼文化的价值。在全球化发展的今天，世界同处一个地球村，各国联系日益密切，只有加强交流合作，做到文明互通，才有利于世界文明的持久发展。一方面，中华礼文化对中华民族及整个世界都产生了深刻的影响，中国作为世界上唯一一个没有中断的文明古国，只有深入研究中华礼文化对中华文明延续不断的内在驱动力，对中国特色社会主义文化繁荣的内在价值，才有利于实现其创造性转化与创新性发展，为我国经济社会发展提供精神滋养，为世界和平与文明进步贡献自身的力量。另一方面，我们还要看到世界文明对中华文明的积极意义，要以开放的视角研究中华礼文化，将本土化和国际化相结合，促进中华礼文化与国际文明礼仪相接轨、相适应，为中华礼文化赢得新的发展机遇，并促使其在国际舞台上绽放光彩。值得注意的是，与传统礼仪的程式繁琐、内容复杂相对立，现代礼仪更加追求简约、便利和通俗，大众化是现代礼仪的显著特点。中华礼文化要适应新的发展形势，加强同国际社会的交流，不断实现自身的变革与超越，才能满足现代中国的礼仪需求。最后，相信《中华礼文化精讲》的编著出版，对我们详细了解中华礼文化的发展图谱，深入研究中华礼文化的创新路径，全面探讨中华礼文化的重大价值都会有一定的启示和帮助。

◎ 第一章

以礼修身
是个人修养之根

祭祀始，礼仪兴，华夏先民对天地神明的崇拜，开启了"礼"的时代。礼作为人类文明进步的标识，起初只是一种形式和程序，至西周时德观念的兴起，才使礼有了具体的内容要求。孔子基于周礼提出了"仁"，要求统治者以仁治国，社会以仁为本，君子恪守仁礼，由此奠定了儒家礼学思想的基调。礼作为中国传统社会道德教育的核心，一直延续至今。

孔子倡导追求克己复礼、依礼行事，并教育弟子"非礼勿视，非礼勿听，非礼勿言，非礼勿动"。孔子认为"不学礼，无以立"，指明了礼对于个人立身处世的重要意义，因为仁爱、忠义、孝悌、诚信等美德的培育离不开礼对人心的教化、对行为的约束。

据此，孔子提出了"礼治"的思想主张对后世影响深远。人的本质是一切社会关系的总和，社会的存在以人的存在为根本条件。因此人的道德品质决定了社会的道德水平，道德状况堪忧的社会中人的生存也更为艰难。《礼记·冠义》有言："凡人之所以为人者，礼义也。礼义之始，在于正容体、齐颜色、顺辞令。"换言之，人与动物的重要区别在于，人是讲道德、懂仁义的。

由此可见，强调从礼出发的行事动机，注重道德品性的养成是孔子人生哲学的核心内容。孔子作为古代圣贤和德育专家，其教育思想和教育方法在今天仍有重要的借鉴意义。

学礼知礼
立身之本

不学诗，无以言。
不学礼，无以立。
——《论语·季氏》

释文：
不学诗，就不懂得怎么说话。不学礼，就无法在社会上立身。

——◇◇ 国学链接：孔鲤其人 ◇◇——

孔鲤（前 532—前 482 年），字伯鱼，孔子的儿子。

孔鲤是孔子和亓官氏的独子，因其出生时鲁昭公赐了一条鲤鱼表示祝贺，孔子觉得十分荣幸，便为儿子取名为鲤。孔鲤才学平庸，一生无甚建树，但为人坦荡豁达，孝敬父母，遵守礼法，后被宋徽宗追封为"泗水侯"，被后世尊为二世祖。为避开孔鲤名讳，孔府祭祀从不用鲤鱼，而深受儒家文化影响的山东、河南一带，黄河边的渔民将鲤鱼称为红鱼，一直延续至今。

孔鲤之子名孔伋，字子思。北宋徽宗年间，子思被追封为"沂水侯"。元朝文宗至顺元年（公元 1330 年），又追封子思为"述圣公"，以后就称子思为"述圣"。现有孔门正统后代均为孔伋之后。

◎诸子之言：

"不学诗，无以言。不学礼，无以立。"这两句孔子名言截取自《论语·季氏》：

陈亢问于伯鱼曰："子亦有异闻乎？"对曰："未也。尝独立，鲤趋而过庭。曰：'学诗乎？'对曰：'未也。''不学诗，无以言！'鲤退而学诗。他日，又独立，鲤趋而过庭。曰：'学礼乎？'对曰：'未也。''不学礼，无以立！'鲤退而学礼。闻斯二者。"陈亢退而喜曰："问一得三：闻诗，闻礼，又闻君子之远其子也。"

陈亢是孔子的学生，有一天，他问孔子的儿子孔鲤："你得到过你父亲特别的指点吗？"孔鲤说："特别的指点没有。只不过有一天他一个人站在院子里，我走过去，他问我学《诗经》了没有，我说没有，他说不学《诗经》，就不懂得怎么说话。所以我就退下去学《诗经》了。又有一天，他又一个人站在院子里，我走过去，他又问我学礼了没有，我说没有，于是他说不学礼，就无法在社会上立身，所以我便下去学礼了。私下里我只听过父亲这两项教训。"陈亢听了孔鲤的话很高兴："我只问了一个问题，却得到了三个答案，要学《诗经》，要学礼，而且还知道了老师是个真君子，即使对自己的儿子也没有偏私厚待。"

从这段陈亢与孔鲤的对话中，我们可以得出有关"礼"的两个不同层面的解释。第一层，孔子教导自己的儿子"不学礼，无以立"，直接点明了"礼"对一个人立身处世的重要性。第二层，孔子座下弟子三千，而只有孔鲤一个儿子，按常理来说，孔子也许会给予孔鲤许多特别的教导，但事实上却并非如此。孔子深谙君子应以"礼"行事，对弟子和儿子一视同仁，绝无厚此薄彼的做法，这也从一个侧面体现了孔子重视"礼"，遵从"礼"的高尚品德。

——◇◇ 延伸思辨：学礼知礼是立身处世的根本 ◇◇——

中国自古就是礼仪之邦，古往今来，有关"礼"的记录和要求可谓数不胜数。子产说："礼，天之经也，地之义也，民之行也。"（《左传·昭公二十五年》）《荀子·修身》有言："人无礼则不生，事无礼则不成，国无礼则不宁。"《礼记·典礼上》有言："人有礼则安，无礼则危。"

众所周知，孔子是中国历史上第一位将"礼"摆在极其重要地位的思想家。他认为："不知礼，无以立。"也就是说，人不知道礼，就无以立足。比如说，父子情深，兄弟和睦，夫妻和顺，这是知礼之后对于家庭的好处；大臣守法，小臣清廉，官职有次序，君臣相互尊重，这是知礼之后对于国家的好处。孔子此处所说的"立足"，不仅是立自己，也要立家庭，更要立整个国家。由此可见，"学礼知礼"是一个人"修身齐家治国平天下"即立身处世的根本。

——◇◈ 当代镜鉴：谦逊有礼，以德报怨 ◈◇——

谦逊有礼，是现代人立身处世、构建良好人际关系所不可或缺的一种美德。一个谦逊有礼的人，总会赢得别人的尊重，让别人心悦诚服。同时，这样的人在办事的时候也往往能够事半功倍，马到成功。

自牙牙学语之时，大人教导孩子见到长辈时要按辈分来称呼，这便是学礼的开始。上学之后，老师教导学生们要尊敬师长，友爱、礼让同学，这便是知礼懂礼的过程。只有从小养成谦虚好礼的道德品质，长大步入社会之时，我们才能深谙待人处世的章法，不会违规而行。一个人的品德如何，一般都表现在他为人处世的方式上，而且也会对他的人生产生重大的影响。那些谦虚有礼、德行高尚的人，除了受人尊敬之外，在遇到困难时也常常能够逢凶化吉。这是因为，对于身边的人，我们也常常会将是否有礼作为交友的判断依据：在社交中表现得彬彬有礼、温和谦恭的人，往往会给人留下深刻的印象，为后续深入交往奠定了良好基础。正所谓近朱者赤，常与有礼之人交往，不仅能让社交变得愉快，也会使自己受到潜移默化的影响，变得更加懂礼。而对于那些简单粗暴、蛮横无理的人，我们则会觉得他们品德不好、修养有限，自然不愿与之交往。以礼待人的人，在无形之中早已为自己种下善因，结下善缘，遇到困难自然会有人出手相助。而那些无礼无德之人，除了会遭到别人排斥以外，即使会有一时的人生辉煌，也终将作茧自缚，难成大器。从古至今，这是一条不变的真理。

总之，如果我们每一个人都能以"学礼知礼"为指向进行人格塑造和品德修炼，不仅自己将获益匪浅，也会使整个社会文明进步。

◎**精彩典故：**

曾子避席

曾子避席是《孝经》中的经典故事。曾子是孔子高徒之一，有一次他坐在孔子身边求教，孔子问他："从前的圣贤帝王具有至高无上的道德，精要奥妙的理论，可以使天下顺从，子民和睦，君王和臣下之间没有抱怨。你知道是什么样的道德和理论吗？"曾子听后立马从坐席上站起来，走到席子边上，恭敬地向老师作揖答曰："弟子还不够聪慧，哪里能够知道这些深奥的道理，还请老师赐教。"避席的动作虽小，传递的道理却深。曾子避席不仅表现了其践行礼法的坚定意志，还向世人传递出尊师重道的要义，成为世人学习的楷模。进言之，曾子的内在德性成就了其在儒学学派中的重要地位，可见修德对于修才大有助益。

诚以待人
礼之根本

惟天下之至诚，为能尽其性；
能尽其性，则能尽人之性；
能尽人之性，则能尽物之性；
能尽物之性，则可以赞天地之化育；
可以赞天地之化育，则可以与天地参矣。
——《礼记·中庸》

释文：
　　只有天下极端真诚的人能充分发挥他的本性；能充分发挥他的本性，就能充分发挥众人的本性；能充分发挥众人的本性，就能充分发挥万物的本性；能充分发挥万物的本性，就可以帮助天地培育生命；能帮助天地培育生命，就可以与天地并列为三了。

—◇◇ 国学链接：《中庸》简介 ◇◇—

　　《中庸》原是《小戴礼记》中的一篇，作者为孔子后裔子思，后经秦代学者修改整理。至宋代，《中庸》被学人提到突出地位上，北宋大儒程颢、程颐极力尊崇《中庸》。南宋大儒朱熹又作《中庸章句》，并把《中庸》和《大学》《论语》《孟子》并列称为"四书"。宋、元以后，《中庸》成为学校官定的教科书和科举考试的必读书，对古代教育产生了极大的影响。中庸就是既不善也不恶的人的本性。从人性来讲，就是人性的本原，人的根本智慧本性。实质上用现代文字表述就是"临界点"，这就是难以把握的"中庸之道"。

　　而在中庸修身的学问中，"诚"乃其中最基本的原则和思想。物之始终，不诚无物，要达到儒家经典《中庸》上讲的"博厚"和"高明"的魅力境界，必先从内心的"诚"做起。也就是说，当一个人修养到"至诚"的境地后，就会成为一个品行高尚、讲信用而且大有作为的人。

◎诸子之言：

　　"诚"具体表现在人身上就是中"性"，符合"中庸之道"，是一个人道德品行的最理想境界。为了达到这个理想境界而修身养性，就能上通天道，下通万物，找到人与人之间和谐相处的最佳途径。所以，一个人只有先对自己真诚，才有可能在与人的交往中对别人真诚。

　　《论语·卫灵公》中有云："君子义以为质，礼以行之，孙以出之，信以成之。君子哉！"

　　意思是说，假如一个人能够做到以合理的道义作为人生的根本原则，并且能够自觉地遵循礼仪规范，身体力行，言行表达谦逊适度，态度忠诚讲究信用，就可以被称为君子了。

儒家强调君子应该追求高尚的精神境界，追求道德的完善和心灵的净化，即君子当以"义"为质，"礼以行之"。但只做到这些还不够，要使君子的人格更完整、道德修养更高尚，还必须做到"信"。所谓"信"，就是为人要讲信用，即言行一致，恪守诺言。

"诚于中，形于外"（《大学》），即做人先要真诚，然后还要讲信用，守道义，这正是儒家认为的君子立身处世的一个根本准则。

清朝军事家、政治家、理学家曾国藩说自己身上有许多毛病，而这些毛病之所以存在正是因为自己不够诚信。他认为，天地万物之所以运行，国家之所以建立，圣贤的德业之所以可以光大、持久，皆因诚信在起作用。在写给贺长龄先生的书信中，曾国藩曾猛烈地抨击了当时社会中种种不诚信的现象。在他看来，"诚信"即"专心纯一"的意思。他认为，孔子是做到"至诚至信"的典范，因此称孔子为"诚神"。由此可见，《中庸》中的"诚信"思想在曾国藩修身养性的过程中有着重要的地位，而他的这种思想也对后人产生了深远的影响。

——◇ 延伸思辨：礼不在于形式，而在于诚心 ◇——

《论语·八佾》中记载："林放问礼之本。子曰：'大哉问！礼，与其奢也，宁俭。丧，与其易也，宁戚。'"林放请教孔子什么是礼的根本。孔子说："这个问题问得很好。任何礼的施行，与其奢华，不如俭省。对丧礼而言，与其仪式完备，不如由衷哀伤。"

　　孔子为什么称赞林放说他这个问题问得好呢？这与当时天下的政治时局、人民的道德修养和思想境界有着很大的关系。当时在鲁国，礼乐制度的保存程度与其他诸侯国比起来是较完备的。然而即使是这样，当时人们的礼乐行为也大多流于表面的形式，其根本精神已经愈发不被人们所重视，礼崩乐坏的情况时有出现。而孔子对于林放此问的回答，正是表达出了礼的本质，不是外在奢华浩大的排场，而是要求人们具有一颗真诚无欺的仁心。接下来，孔子又用"丧，与其易也，宁戚"一句进一步阐述了这个观点，即就面对死者的心态而言，与其大操大办葬礼，不如真情实意地感到悲伤，这对于逝者来说才是最好的安慰。

　　古代的礼乐制度分为吉、凶、军、宾、嘉五种，分别用于不同的场合。这些礼，都要通过相应的仪式来施行，但礼的关键不在于仪式本身，而在于仪式所表达的真诚心意。因此，孔子主张，礼的施行不必过于讲究形式上的奢华周密，而应注重行礼者的内在真诚。也就是说，无论在任何时候，对待任何人，保持内心的真情实感是最为重要的，这不仅仅是一种诚信的表现，还是一种表达礼仪的合理方式，更是礼乐的根本精神所在。

——◇ 当代镜鉴：诚信是做人的根本 ◇——

　　习近平总书记曾说："人与人交往在于言而有信，国与国相处讲究诚信为本。"[①]自古以来，诚信就一直是中华民族的传统美德之一，也是儒家传统伦

---

① 习近平：《习近平在印度尼西亚国会的演讲》，2013 年 10 月 3 日。
http://www.gov.cn/ldhd/2013-10/03/content_2500118.htm

理准则之一，被视作衡量人品和道德的标尺。

诚信是安身立命之根基，是人格修炼的基点。诚信即"诚实、守信"，由"诚"和"信"两部分组成。"诚"就是诚实、真诚，对别人不欺骗，为人处世光明磊落。"信"就是守信用，凡是自己承诺的事情，无论对人对己，都要兑现。一个人如果做不到诚实守信，对自己的言行缺乏责任感，在社会上就会处处碰壁，直至被淘汰。一个不能恪守诚信的人，不可能交到真心相待的朋友，也不可能成就伟大的事业；一个总是坑蒙拐骗的商人，或许短时间内能赚点小钱，但终不能长久，反而很可能因此触犯道德或法律的底线；一个不学无术的人，虽然也能做到口若悬河、滔滔不绝，但当被人揭穿真面目之后，定会遭人唾弃；一个言而无信的领导，手下人也必定尔虞我诈，也不会有人对他真正地心悦诚服。

针对当代社会出现的失信现象，习近平总书记强调："对突出的诚信缺失问题，要抓紧建立覆盖全社会的征信系统，又要完善守法诚信褒奖机制和违法失信惩戒机制，使人不敢失信，不能失信。"[2]这体现出党和国家对于塑造人们诚信品质的高度重视。

总之，诚信，是恒久不变的做人原则；诚信，是永不过时的一种美德；诚信，更是一种源源不断的财富，用之不竭的智慧。

---

[2] 习近平：《习近平在中共中央政治局第三十七次集体学习时强调 坚持依法治国和以德治国相结合 推进国家治理体系和治理能力现代化》，《中国纪检监察》，2016年第24期，第6页。

曾子杀猪

《韩非子》中记载了这样一个故事：有一次，曾子的妻子准备去赶集，由于孩子哭闹不已，便许诺孩子回来后杀猪给他吃。曾子妻从集市上回来后，看见曾子正在磨刀，问其何故，答说要捉猪来杀。妻子忙阻止说："我说这话原本是哄孩子玩的，怎能当真？"谁料曾子说："和孩子是不可说着玩的，小孩子不懂事，凡事跟着父母学，听父母的教导。如果你哄骗他，就等于在教孩子哄骗别人啊。"于是，曾子把猪杀了。

君子慎独
不自欺也

道也者，不可须臾离也，可离非道也。

是故君子戒慎乎其所不睹，恐惧乎其所不闻。

莫见乎隐，莫显乎微，故君子慎其独也。

——《礼记·中庸》

释文：

道德原则是一时一刻也不能离开的，要时刻检点自己的言行。在人看不到的地方要保持警惕谨慎，在人听不到的地方也要唯恐有失敬畏。不要在外人看不见听不见的隐蔽地方就放纵任性，也不要在微不足道的细小事情上就不认真对待。即使一个人独处时，也要克制自己，不要做失道失德的事。

——◇ 国学链接：《礼记》简介 ◇——

《礼记》是一部中国古代的典章制度选集，也是研究中国古代礼制的重要参考文献。它不像《仪礼》等古礼经侧重于礼节仪式的叙述，而是重在解释和阐明各种仪礼程序背后的深刻涵义和文化象征，如同为干瘪的外形注入了血肉和灵魂，使礼仪制度的形态变得丰满生动。

传世的《礼记》版本有西汉礼学家戴德编撰的《大戴礼记》和戴圣编撰的《小戴礼记》，前者八十五篇，后者四十九篇。东汉末年的经学大师郑玄为《小戴礼记》作注，提高了此书的可读性，使之流传不衰成为经典，是古代士子的必读书。今天看到的《礼记》定本就是此版本，以《曲礼》为始，以《丧服四制》为终，内容丰富广泛，读起来饶有趣味。

◎诸子之言：

《论语·八佾》中有云："祭如在，祭神如神在。子曰：'吾不与祭，如不祭。'"意思是说，祭祖时应当像祖先真的在面前那样，祭神明应当像神明真的在面前一样。假如没有时间，不能亲自参与祭典，只能象征性地由别人代祭，那么就等于不祭，又何必故作排场呢？孔子的这句话告诉我们一个做人的道理，那就是无论对生者或是死者，无论对别人知道的或不知道的事，都要坦诚正直、始终如一。

《大学》中也有云："所谓诚其意者，毋自欺也。如恶恶臭，如好好色，此之谓自谦。故君子必慎其独也！"意思是说，所谓使自己的意念诚实，就是不要自己欺骗自己。就如同厌恶污秽的气味那样厌恶邪恶，如同喜爱美丽的女子那样喜爱善良，一切都发乎内心的真情实感，自我才能满足，才能心安理得。所以道德修养高尚的君子必须谨慎地对待独处的时候，要让自己规行矩步，戒慎小心。

"慎独"是儒家思想中自我修养的重要方法。一个人最真实的道德水准常常于细微之处体现，于不经意之间暴露。在众目睽睽之下，或在受制受限的场合，人们一般都会选择符合道德规范的言行方式，体面地进行社会活动。而回到自己的隐蔽空间，失去了外界的约束和监督时，不少人会卸下伪装，展露出真实的性情和习惯，很可能与礼有悖。儒家思想正是看透了人性的弱点，才提出君子慎独的要求，旨在教育人们要做到人前与人后相统一，这样才能真正保持人际和谐、社会和谐、国家和谐。所以，真正有品德的人，是那些在背人之处也能遵守规矩的人，也只有这样的人才能得到别人的信任和尊重。

——◇◇ 延伸思辨：君子慎独 ◇◇——

"慎独"修养方法的实质是提倡高度的自觉性，即无论何时何地，人前人后，都要保持言行一致，表里如一。可现实的情况是，大多数人都能做到在人前保持对自己的言行严格要求，表现出来的多为谦和有礼，一旦身上的压力被剥离，思想中紧绷的弦开始松懈，言行就容易出现偏差，甚至还会完全变成另外一个人，成为道貌岸然的伪君子。因此，想要做到人前君子，人后亦君子，就必须确确实实地深刻理解"慎独"的思想内涵，并确实践行之。

要做到践行"慎独"，最主要的措施便是进行自我监督和自我反思。在做出任何言行之前，先要审查自己的良心是不是缺失了；而行为的过程中，要让良心起到调整和监督自己言行的作用；而在言行之后，要有"吾日三省吾身"的觉悟，主动评价和反思自己的语言表达是否妥帖，自己的行为举止是否有礼，自己的各种习惯是否有利于身心的健康发展，让慎独成为一种生活常态。为人真诚，重要的并不仅仅是人前的待人处世，更重要的是人后的待人处世，人前真诚，人后也真诚，这才是真正的真诚，即真正领悟了"慎独"的含义。如果一切不是发自内心，只是在人前装装样子，那么便无异于掩耳盗铃、自欺欺人，而且必将有"东窗事发"的一天。

——◇◆ 当代镜鉴：慎独方能内心无愧 ◆◇——

曾国藩有句名言："人无一内愧之事，则天君泰然，此心常快足宽平，是人生第一自强之道，第一寻乐之方，守身之先务也。"其中所提到的人生境界只有参透了"慎独"之道的人才能达到。所以说，"慎独"虽然是曾子在两千多年前提出来的修身养性的方法，但如今却依然值得所有人践行，尤其对于当代青年培育高尚的道德人格能够起到巨大的促进作用。

然而有许多人对此提出了异议，在他们看来，生活在这个时时处处都充满竞争的现代社会中，要做到"慎独"实在是太难了。如果每天不戴着"面具"生活，那么就会时时碰壁，处处遇险，"表里如一"似乎只能是一种奢望。乍看之下，这种观点似乎不无道理，毕竟现代社会与古代社会在生活环境、竞争环境等方面有着许许多多的不同，总是以老眼光看待新事物，似乎确有不合理之处。但是，从根本上来说，"慎独"是对人的道德修养提出的一种要求，也就是说，"慎独"应该上升到道德标准的高度去解读。既然是道德标准，那么无论古今都应该有着统一的界定，都应该时刻去践行。

"慎独"不仅是一种道德修养，也是一种理智，更是一种高尚的彰显。做到了"慎独"，那么无论在何时，在何种场合，面对何种物质利益的诱惑，就都能做到把握自身的言行，依靠内在的道德信念和力量自觉遵守道德，守住自己心中的那块净土。

◎ **精彩典故：**

暮夜无知

东汉名臣杨震为人非常正直，自小便以博学而闻名。后经大将军举荐多次升迁，官至荆州刺史，后又转为东莱太守。在前往东莱赴任途中，路经昌邑，恰巧昌邑县令王密正是杨震在荆州时候举荐的秀才。

为报答杨震的知遇之恩，王密在夜里去驿馆拜见杨震，并拿出十斤金子表示感谢。

杨震不高兴地说："我们是老朋友，之所以举荐你是因为了解你，你怎么不了解我呢？"

王密急忙打圆场说："暮夜无知者。"意思是说，反正现在是黑天，没有人知道我到你这儿，也没人知道我送给你金子。

谁知杨震说："天知，神知，我知，子知，何谓无知！"

王密羞愧无言，默默地离开了。

"四知"使杨震做到俯仰无愧的境界，他被称为"慎独"的典范。"暮夜无知"这一典故也世代流传。

功成不居
有功不傲

《诗》曰："在彼无恶，在此无射。
庶几夙夜，以永终誉！"
君子未有不如此而蚤有誉于天下者也。
——《礼记·中庸》

释文：

《诗经》上说："在那里没有人憎恶，在这里没有人猜度。日日夜夜操劳啊，永远保持美好的声誉！"君子中没有不这样做而能够早早在天下享有声誉的。

──◇ 国学链接：《诗经》简介 ◇──

《诗经》是中国诗歌的起点，也是一部现实主义的诗歌总集。最初被称为《诗》或"诗三百"，自西汉时起被尊为儒家经典，命名为《诗经》。《诗经》分为风、雅、颂三大类，共收录了从西周初期到春秋中期的305篇诗歌，时间跨度长达五百余年。《诗经》主要采用了赋、比、兴的艺术手法，描写的内容千姿百态，生动形象，抒发了当时人们的丰富情感。

◎诸子之言：

《菜根谭》上说："澹泊之士，必为浓艳者所疑；检饬之人，多为放肆者所忌。事穷势蹙之人，当原其初心；功成行满之士，要观其末路。"意思是说，一个才德高深、淡泊明志的人，一定会被那些热衷名利的人所猜忌；一个言行谨慎、处处检点的君子，常常会遭受那些邪恶放纵、无所忌惮的小人的嫉妒。我们对于一个因事业失败而感到心灰意冷的人，应该恢复当初奋发上进的精神；而对于一个功成名就事事如意的人，要观察他是否能永远维持下去。

这句话所要表达意思的重点在后两句上，即看待一个人是否有德有才，主要是看他成功之后的表现，如果他所表现出来的是居功自傲，那么就还远未达到有德有才的境界，反之，如果获得成功之后仍能谦虚有礼，那才可以被称为真正的君子。

正如《老子》所说："生而不有，为而不恃，功成而弗居。"意思是说，生养万物而不据为己有，培育万物而不自恃己能，功成名就而不自我夸耀。正是因为如此，所以功绩才不会泯没。老子的这番论述，深刻地揭示了做人必须恪守"功成不居"的道理。

◇◇ 延伸思辨：恪守礼仪之道 ◇◇

有功不自傲，说到底就是对礼仪之道的一种恪守。

为人处世，任何言行举止都不可失度，即不可越礼，否则便会坏事，便会受到惩罚，受到排挤打压。饮食若无度，便会伤身；贪婪若无度，便会招祸；玩笑无度，会伤感情。虽然每个人的思想都是自由的，但这种自由归结到底是有限度的自由，即在法度、礼制之内，我们才能享受自由。

自古以来，身为臣下最忌讳的就是自表其功，自矜其能。凡是这种人，十有八九会因遭到猜忌而无法有一个好的结局。比如说，当年刘邦曾经问韩信："你看我能带多少兵？"韩信说："陛下带兵最多不能超过十万。"刘邦又问："那么你呢？"韩信说："我是多多益善。"面对这样居功自傲的回答，刘邦怎么能不耿耿于怀，除之而后快呢。

与韩信比起来，东汉北海敬王刘睦则聪明得多。有一年岁末，刘睦派一名官员去洛阳向明帝朝贺。临行前，他反复叮嘱这名官员说，若明帝问起他的情况，一定要说自己自承袭王爵以来，意志衰退，行动懒散，每日只知吃喝玩乐，对正业毫不用心。而实际的情况恰恰相反，刘睦不仅治地有方，而且深受百姓爱戴。之所以反其道而行之，正是深谙"功成不居"的道理。

◇◇ 当代镜鉴：有功不自傲，得意莫忘形 ◇◇

树大招风，在人生的道路上，无论取得多么大的成绩都不要炫耀，要懂得自谦，隐藏自身的光芒。尤其是在权衡得失时，切莫得意忘形、居功自傲，否则便很可能会做出一系列的不良行为，终为自己的忘形而付出惨重的代价。

　　时代楷模张富清在战争年代立下赫赫战功，却在和平年代深藏功与名，并在退役后转业至湖北省最偏远的来凤县工作。这位老人用他的一生诠释着淡泊名利、甘于奉献的崇高精神。

　　花无百日红，人无千日好。拿破仑有句名言："从伟人到滑稽小丑只有一步之遥。"越是功勋显赫、权高位重的人，越要懂得有功不自傲、得意莫忘形的道理。

◎精彩典故：

飞鸟尽，良弓藏

　　吴国灭亡后，勾践成了春秋时期最后一个霸主，封范蠡为上将军。然而范蠡"以为大名之下，难以久居，且句践为人可与同患，难与处安"（《史记·越王句践世家》），便装上金银珠宝，不辞而别，与家人泛舟五湖。后来到了齐国，被推举为主持政务的相国，最后又隐居海滨，经商致富。

　　范蠡临走，劝告文种要懂得"蜚鸟尽，良弓藏；狡兔死，走狗烹"的道理。但是文种根本不相信范蠡所言，仍执迷不悟，尽忠为国。不久，有人参文种有不轨之图。越王召见文种说：你教给我七种讨伐吴国的计谋，我用了其中三种就打败了吴国，还有四种在你那里没有使用，你为我到先王那里去试用这些计谋吧。文种仰天长叹后自刎。

克己修身
知足常乐

子曰："贤哉，回也！一箪食，一瓢饮，
在陋巷，人不堪其忧，回也不改其乐。"
——《论语·雍也》

释文：

孔子说："贤德啊，颜回。吃的是一小筐饭，喝的是一瓢水，住在穷陋的小巷中，别人都受不了这种贫苦，颜回却仍然不改变他自有的快乐。"

——◇◇ 国学链接：颜回生平 ◇◇——

颜回，字子渊，春秋时期鲁国人，生于鲁昭公二十九年（公元前 521 年），卒于鲁哀公十三年（公元前 481 年），享年 40 岁。颜回十三岁入孔子之门，是孔门七十二贤之首，极富学问，也是孔子最喜爱的弟子。他一生严格按照孔子关于"仁""礼"的要求，"敏于事而慎于言"，素以德行高尚为人赞叹。孔子本人也常称赞颜回"强于行义，弱于受谏，怵于待禄，慎于治身"（《说苑·杂言》），是君子四德的良好典范。后世的统治者和文人学士多对颜回推崇有加，自汉代以后不断追加其谥号，先后尊为"兖公""兖国公""兖国复圣公""复圣"，配享孔庙祭祀。

◎诸子之言：

《论语·学而》："子贡曰：'贫而无谄，富而无骄，何如？'子曰：'可也；未若贫而乐，富而好礼者也。'"子贡问："贫困而不谄媚，富有而不傲慢，这样的人怎么样？"孔子说："这算是不错的了，不过最好是贫困而乐道，富有而好礼的人。"

《论语·宪问》曰："贫而无怨难，富而无骄易。"意思是说，贫穷而不生怨恨是比较难做到的，富贵而不骄矜则相对容易实现。

简单来说，"富而不骄"和"贫而无怨"，用孟子的话来说即为"富贵不能淫，贫贱不能移"。人在富贵时，有钱有权又有势，因此难免会生出许多骄傲之心，但更多时候，位处越高者，财聚越多者，越想要表现出谦和有礼的模样，因为对他们来说，物质的需求已经得到极大满足，他们更需要的是别人的认可和尊敬。当然，即使他们表现出来的骄傲多过谦和，也常常会被人们所理解，因为他们有这样做的本钱。

所以说，能够做到"富而不骄"已经是很不容易的了，但跟"贫而无怨"比起来，似乎还差一些。试想一下，一个人出生时本是赤裸裸来到世间，一无所有，然而随着成长，渐渐便学会了与人竞争，占有欲与攀比心理也开始不断地滋生和膨胀，"贫穷"和"富有"便会深刻地烙印在人们的大脑里，尤其是对于"贫穷"的人来说，对这种境况更是深有体会，自然就越想翻身。因此，孔子说，能够"贫而无怨"才是更高的一种人生境界。当然了，"贫而无怨"并不意味着安于现状和不思进取，越是贫困，越要率先摆脱精神贫困，积极进取，努力奋斗，把握时机。

——◇◈ 延伸思辨：艰难困苦，玉汝于成 ◈◇——

颜回是孔子最为得意的弟子。虽然《论语》中有关他的描述并不多，但仅这一句"一箪食，一瓢饮，在陋巷，人不堪其忧，回也不改其乐"便让颜回修身克己的形象由此深入人心。

其实所谓贫富，不过是一时一世的表象，皆缘于不同的因缘得失。所以，无论贫穷抑或富贵，都是生不带来，死不带去的世间幻象，如果不能放下执著的心，就无法达到心灵的安宁。

《论语·学而》中有这样一句："君子食无求饱，居无求安。"意思是说，君子饮食不求饱足，居住不要求舒适。这句话就是说，人不应该过分地讲究自己的饮食与起居，而应该克制追求物质享受的欲望，把更多的精力放在精神追求上。孔子对那些满口仁义道德却过于讲究吃穿的人也是非常鄙视的，为此他说："士志于道，而耻恶衣恶食者，未足与议也。"意思是那些有志于学习和践行圣人道理但又以自己吃、穿不好为耻辱的人，是不足以与之论道的，因为他们没有远大的志向。

孔子在周游列国途经陈国时，一行人断了粮食，大家都饿得起不来了。子路对孔子说："君子也有穷途末路，毫无办法的时候吗？"孔子回答说："君子虽然也会遭遇，但却始终能够坚持；如果换作是小人，或许就无所不为了。"这是《论语·卫灵公》中的一段记载，它从一个侧面反映出越是贤德之人，就越谙修身克己。

陶渊明不为五斗米折腰，退隐务农，穷困潦倒，最终身染疾病而终，但却丝毫未妨碍他练就了"采菊东篱下，悠然见南山"的释然心境。杜甫虽辗转于战乱里，报国无门，纵使"床头屋漏无干处""布衾多年冷似铁"也毫不在意，想的是"安得广厦千万间，大庇天下寒士俱欢颜"。李白的凛凛傲骨更是令人钦佩，虽因不趋炎附势而终遭贬谪，但其志向却从未泯灭，依然高傲地发出了"安能摧眉折腰事权贵，使我不得开心颜"的豪情。物质上的富有永远都是相对存在的，但精神上的富有，却是一个人永远的富有。

——◇◇ 当代镜鉴：知足方能常乐 ◇◇——

老子说："罪莫大于可欲，祸莫大于不知足，咎莫憯于欲得。故知足之足，恒足矣。"意思是说：罪恶没有大过放纵欲望的，祸患没有大过不知满足的，过失没有大过贪得无厌的。所以知道满足的人，才是快乐的人。

著名作家刘墉曾在一篇文章里这样描述："旅客车厢内拥挤不堪，无立足之地的人想：我要有一块立足的地方就好了。有立足之地的人想：我要是能有一个边座就好了……直到有了卧铺的人还会想：这卧铺要是一个单独包厢就好了。"

所以说，人之所以不知足，皆因内心的欲望在作怪。更好的工作、更舒适的生活，人人向往之。然而，人生有止境，欲望却是无止境的。如果永远被欲望驱使着生活，就很容易忽略生活中那些平凡朴实的幸福。诚然，欲望在一定程度上鼓励人们追求更高远的目标，但无限的物质欲望并不能使人生获得满足和快乐，甚至适得其反，让人跌入黑暗的深渊。因此，懂得利用适度的欲望催人奋进是迈向快乐的起点，懂得克制过度的欲望是保持幸福的条件。

弘一法师淡泊物质，随缘生活。一条毛巾用了十八年，破破烂烂的；一件衣服穿了几载，缝补再缝补。有人劝他说："法师，该换新的了。"他却说："还可以穿用，还可以穿用。"

出外行脚，住在小旅馆里，又脏乱、又窄小，臭虫又多，有人建议说："换一间吧！臭虫那么多。"他说："没有关系，只有几只而已。"

平常吃饭佐菜的只有一碟萝卜干，他还吃得很高兴。有人不忍心地说："法师！太咸了吧！"弘一大师恬淡知足地说："咸有咸的味道。"

生活如同泛水之舟，欲望太多，便有倾舟之危。少一些欲望强求，多一些知足珍惜，你的生命之舟会走得更加轻盈，更加顺畅。学会满足，才会懂得珍惜；懂得了珍惜，你才能发现生活中的美好，成为一个幸福的人。

◎**精彩典故：**

陶渊明采菊

陶渊明年轻时，颇具"大济苍生"的宏伟抱负，希望在仕途上有一番作为。从晋孝武帝太元十八年（393 年）至晋安帝义熙元年（405 年）的这十三年中，陶渊明先后出任江州祭酒、建威参军、镇军参军、彭泽县令等职，并于义熙元年十一月解印辞官，开启了余生的隐居生活。此时的陶渊明政治态度更加明确，思想也更为成熟，对于躬耕生活有了更深刻的体悟，他的诗作也体现了其热爱田园、守志不阿的高尚情操。他最为后世所传颂的诗文几乎皆是退隐之后所著。最著名的当属"采菊东篱下，悠然见南山"（《饮酒》其五，诗共二十首）这两句千古传唱的名句了。他被尊为隐逸诗人之宗，开创了田园文学这一文学流派。

◎

第二章

——

以礼齐家
是传统美德之基

"孝顺"一词出自《国语·楚语》，在古语中，"孝顺"二字均为善德的通称，今天则专指事亲行为。孝也是一种礼节，而且是一种最基础的礼节，因此《左传》有云："孝者，礼之始也。"

　　社会属性是人的根本属性，决定了人必须在社会交往中生存，必须学习一系列礼仪规范。父母是我们所接触的第一层社会关系，也是我们应该以礼相待的原初对象。与父母相处之礼，即为孝。

　　孔子论孝，曰"今之孝者，是谓能养"，即奉养父母，报答父母的养育之恩；曰"不敬，何以别乎"，即除了奉养之外，更重要的是对父母要尊敬，即在精神生活上提倡敬亲；曰"事父母几谏，见志不从，又敬不违，劳而不怨"，即劝说父母要委婉，不要陷父母于不义；曰"生，事之以礼；死，葬之以礼，祭之以礼"，即葬之以礼，祭之以礼，慎终追远；曰"父母在不远游，游必有方"，即父母在世时，不应远游，即使远游，也要与父母保持联系。

　　孝道是孔子思想中的一个基本概念，也是孔子所倡导的基本的人伦道理。孔子曾对弟子谈起过自己的志向——"老者安之，朋友信之，少者怀之"，其中"老者安之"，就是使普天下的老人都能够老有所养、老有所安。

百善孝为先

常存仁孝心，则天下凡不可为者，

　皆不忍为，所以孝居百行之先；

一起邪淫念，则生平极不欲为者，

　皆不难为，所以淫是万恶之首。

　　——（清）王永彬《围炉夜话》

释文：

心中常怀有仁心、孝心，便不忍心去做天下间任何不正当的行为，所以在各种优秀品行当中，孝应该居于首位。一个人心中一旦起了淫恶念头，则平时极不愿意干的事如今干起来一点也不困难，因此淫心是所有恶行的开端。

──◇◇ 国学链接：《围炉夜话》◇◇──

《围炉夜话》是清人王永彬所撰的一部劝世之作，围绕"安身立业"这一总话题展开，依次从道德、修身、读书等十个方面，揭示了"立业"是"立德、立功、立言"之本的深刻意蕴。近代以来，其书影响颇大，与明人洪应明写的《菜根谭》、陈继儒写的《小窗幽记》并称"处世三大奇书"。

◎诸子之言：

孝是中华民族的传统美德，"百行孝为先"反映了中华民族极为重视孝的观念。儒家《孝经》中记载了这样一段话：

仲尼居，曾子侍。子曰："先王有至德要道，以顺天下，民用和睦，上下无怨。汝知之乎？"曾子避席曰："参不敏，何足以知之？"子曰："夫孝，德之本也，教之所由生也。复坐，吾语汝！身体发肤，受之父母，不敢毁伤，孝之始也。立身行道，扬名于后世，以显父母，孝之终也。夫孝，始于事亲，中于事君，终于立身。《大雅》云：'无念尔祖，聿修厥德。'"

孔子有一次在家里闲坐，他的弟子曾子在一旁侍坐。孔子说："先代的帝王有着至高无上的品行和最重要的道德，并因其使天下人心归顺，臣民和睦相处，上至高贵的大臣，下至普通老百姓，都没有怨恨与不满。你能参悟其中的道理吗？"曾子起身，离开座位答道："弟子愚钝，哪里能知道呢？"孔子说："这就是孝。孝是一切德行的根本，也是产生教化的根源。你坐回原来的位置，我告诉你。人的身躯四肢、须发皮肤，均由父母授予，不敢损毁伤害，这是孝的最初表现。人拥有了独立生存的能力，遵循仁义道德，并建功立业显扬名声于后世，从而使父母显赫荣耀，这便是孝的根本目标。所谓孝，开始于侍奉父母，然后对君主忠诚，最终建功立业，功成名就。《诗经·大雅·文王》中讲到：'怎能不挂念你的祖先？要称述修行先祖的美德啊！'"

孔子的这段话意在告诉弟子，孝是一切德行的根本，一个人只有首先做到孝顺父母，才能谈得上去效忠国家、建功立业，正如《孔子家语·弟子行》中所说："孝，德之始也。"《大学》曰："物有本末，事有终始。知所先后，则近道矣。"百善以孝为先，孝门开，则一切善门随之大开。孝道存，大道存；孝道灭，大道隐。

——◇◇ 延伸思辨：以孝为先，推己及人 ◇◇——

孝、悌、忠、信、礼、义、廉、耻是儒家提倡的八德，八德从孝开始，后面的七德以孝为基础，是孝的延伸。那么古人为什么以"孝"为百行之先呢？这是因为，在古人看来，一切人际关系建立在孝悌这一精神价值基础之上，所有人际关系均从父子关系的基础上发展而来。"推"是儒家文化发展生长的重要环节，要推己及人，行忠恕之道。也就是说要将对父母的孝推己及人，以师为父而尊师，以长者为父而敬老，以民为本而爱民，等等，从而处理好一切人际关系。

中国自魏晋开始，至唐、宋、元、明、清一直下来，就提倡"以孝治天下"。清兵入关，从上到下所有官员有三本必读的书，其中之一就是《孝经》。《孝经》中告诉我们真正的孝不单要对父母行孝，还要推而广之，行孝于天下，爱天下人才是真正的大孝。即是说，孝敬父母长辈，这是小孝。普天下的人都会老，能用同样的心去孝敬天下的父母，视天下父母如同自己父母，这才算是大孝。

同样，在当今社会，一个人只有首先爱自己的父母，才能去爱师长、爱朋友、爱祖国、爱人民，多尽爱的责任，多做爱的奉献，这样社会才能更加和谐。因此，无论社会发展到何种程度，"百善孝为先"都应该是人们永恒不变的价值观。

◇◆ 当代镜鉴：将孝摆在做人的第一位 ◆◇

世界首富比尔·盖茨在接受意大利《机会》杂志记者采访时，面对记者"世界上最不能等待的事情是什么"的提问，他回答道："世界上最不能等待的事情莫过于孝敬父母。"我国古人也说："树欲静而风不止，子欲养而亲不待。"作为子女，最遗憾的事情莫过于想要孝顺父母而他们却已不在人世了。

然而，在当今社会，仍有许多人没有意识到这一点，他们在与父母相处时，厌烦父母的唠叨，常常与父母顶嘴，不管父母的感受，视父母的爱为理所当然，甚至连对父母最起码的赡养义务都不能履行。俗话说："滴水之恩，当涌泉相报。"父母对子女的恩情又岂止是"一滴水"呢？生而为人，当知父母情，应报父母恩。

在人的一生中，父母的关心和爱护是最真挚最无私的，父母为养育儿女不惜付出一生的心血。这种恩情是没有什么可以比拟的。

孝是一切德行的根本。试想，倘若一个人连自己的父母都不爱护，他又怎么可能去真正地爱别人呢？反之，假如一个人深深爱着自己的父母，他便拥有了爱别人的基础，即有可能把这种爱推及到所有长辈、邻居、朋友、同学等身边的人，进而再推及社会与祖国，最终成为一个品德高尚的人。

对父母的孝，也许是一份礼品，也许是一桌菜肴，也许是为母亲倒一杯水，也许是为父亲捶一次背……不管以何种方式，只要是向父母献上一份孝心，这种感情都无比珍贵和美好。

◎ **精彩典故：**

弃官奉亲

晋武帝时，有个文学家叫潘岳，字安仁，荥阳中牟人，曾担任河阳县令。潘岳对待自己的父母非常孝顺，父亲去世后，他就把母亲接到身边亲自服侍。他喜欢种植花木，时间久了，他种的桃树、李树竟长成了一片林子。每到花开的时候，他就挑阳光明媚的日子，亲自搀扶老母亲在林中游玩赏花。

后来，母亲染病非常思念家乡，潘岳得知母亲的想法后，立即决定辞官带母亲回家乡。上级官员多次挽留，潘岳却说："我若是贪恋荣华富贵，不肯听从母意，那算什么儿子呢？"上级官员被他的至孝行为深深打动，便同意他辞官。回到家乡后没多久，母亲便痊愈了。由于潘岳为官清廉，多年来并没多少积蓄，他就靠干农活维持生计，然后再用卖菜的钱买母亲爱吃的食物。此外，他还专门养了一群羊，每日给母亲挤奶喝。在潘岳的细心照料下，母亲能够安享晚年。后人有诗赞美之：弃官从母孝诚虔，归里牧羊兼种田。藉以承欢滋养母，复元欢乐事天年。

孝以礼为本

孟懿子问孝，子曰："无违。"樊迟御，

子告之曰："孟孙问孝于我，

我对曰'无违'。"樊迟曰："何谓也？"

子曰："生，事之以礼；死，葬之以礼，祭之以礼。"

——《论语·为政》

释文：

孟懿子向孔子请教孝道，孔子说："孝就是不要违背礼法。"后来樊迟给孔子驾车，孔子告诉他："孟孙问我什么是孝，我告诉他孝就是不违背礼节。"樊迟说："具体是什么意思呢？"孔子说："父母在世时，要按照礼节侍奉他们；父母去世后，要按照礼节安葬和祭祀他们。"

<h2 style="text-align:center">——◇◇ 国学链接：孟懿子其人 ◇◇——</h2>

孟懿子，本姓仲孙，名何忌，谥号懿。其父孟僖子陪同鲁昭公访问楚国时，因不知如何在两国会谈中答礼而深感惭愧，于是临终前要求家臣将仲孙何忌（即孟懿子）和南宫敬叔送到孔子那儿学礼。《四书剩言》："孟僖子为懿子之父，本贤大夫。尝从昭公至楚，病不能相礼，归而讲礼学礼，苟能礼者必从之。逮死，召其大夫曰：'礼，人之干也。无礼无以立。我死，必属说与何忌于孔子，使事之学礼焉。'"公元前498年，已经54岁的孔子向鲁定公提议"堕三都"，即拆除季孙氏、孟孙氏、叔孙氏封地的城墙以巩固王权。孟懿子听信其家臣公阳的话，不愿配合孔子的计划，最终落得"负其师并负其父"的罪名，因此《弟子传》不录其名。

◎诸子之言：

《礼记·祭统》认为"孝子之事亲也，有三道焉：生则养，没则丧，丧毕则祭。养则观其顺也，丧则观其哀也，祭则观其敬而时也。居此三道者，孝子之行也。"何为孝子？就是要做到父母健在之时要赡养、听从他们，父母死后要为其举办丧事，一定要从内心感到哀伤，丧事完后要进行祭祀，要体现出尊敬的态度。

《孝经·纪孝行章》也提到："孝子之事亲也，居则致其敬，养则致其乐，病则致其忧，丧则致其哀，祭则致其严。五者备矣，然后能事亲。"这就是《孝经》对事亲者提出的"五要"。意思是说：孝子对于双亲的侍奉，在日常居家时要尽力表现得恭敬，在饮食供养上要尽力和悦地去服侍。父母生病时，要尽忧虑之心去照顾；父母去世时，要尽哀痛之心去料理后事。在祭奠父母时，要尽严肃之心对待祭祀之事。只有完全做到以上五点，才能说尽到了侍奉父母的孝心和责任。

对此，《弟子规》中有较简明的演绎："父母呼，应勿缓；父母命，行勿懒。父母教，须敬听；父母责，须顺承……亲有疾，药先尝；昼夜侍，不离床。丧三年，常悲咽；居处变，酒肉绝。丧尽礼，祭尽诚；事死者，如事生。"

意思是说：父母呼唤时要立即应答，不要故意拖延或不回应。父母交代的事情要即刻动身去做，不可推辞或偷懒。父母教导我们为人处事的道理时要恭敬聆听，不要冒失顶撞。因做错事被父母责备训诫时要恭顺承受，不要强词夺理。父母染病时，子女要亲尝汤药尽心照顾，病情加重时更要衣不解带地昼夜服侍。父母过世后要守孝三年，并保持对父母的思念之情，感怀父母的教养之恩。自己的生活起居也要调整改变，戒绝酒肉，不能贪图享乐。父母丧事的办理必要合乎礼数，既不能草率马虎，也不能浪费铺张。祭拜时应诚心诚意，对待已经去世的父母，要如同生前一样恭敬。

——◇◇ 延伸思辨：古人对不孝的理解 ◇◇——

《孟子·离娄上》曰："不孝有三，无后为大。"赵岐注："于礼有不孝者三事，谓阿意曲从，陷亲不义，一不孝也；家贫亲老，不为禄仕，二不孝也；不娶无子，绝先祖祀，三不孝也。"

孟子依据当时社会背景指出，不孝的行为表现为三种，其中最严重的事是不传子嗣。赵岐对这三条作了具体说明：

第一，一味顺从父母的心意，见到父母有过错也不劝说，陷父母于不义，是为一不孝。

第二，当父母年迈时，身为人子因缺钱而无法奉养双亲，不能使其吃饱穿暖、得病就医，却不去当官吃俸禄来供养，是为二不孝。

第三，身为人子不能传宗接代、沿袭香火，每逢佳节时没有后代为祖先祭拜，是为三不孝。

虽然古人的说法中有一些过时的东西，但是其中一些在当代仍然具有很深的教育意义和借鉴价值。

——◇ 当代镜鉴：养老送终，传承孝礼 ◇——

"孝"是人们与生俱来的天然情感，"礼"是人们不约而同形成的风俗习惯，并发展为道德规范。

二者之间有什么联系呢？孔子认为身为子女要做到孝，就应当在父母在世的时候，按照礼的规定来侍奉他们；父母离世后，依照礼的规定来安葬他们，并且依照礼的规定来祭祀他们。孔子的这番论述既是回答孟懿子提问，也是对所有官宦子弟的教诲。孔子简明扼要地说不要违背礼制，实质是在提醒孟懿子等贵族子弟不能因为有了权势与金钱就任意僭越礼制，举行过度隆重的丧葬仪式来显示自己的排场，这种不合身份的行为也是不孝的。孔子强调，只有遵守礼制，才能实现孝顺的心意。当发乎内心的孝意和表现于外的礼仪融合统一起来，才为孝的实践。

儒家讲求的"礼"，并不是源于外在压力，而是内心情感的自然流露和表达。礼仪、礼节与礼貌是基于内心真诚情感的外在表现，如果没有真情实感，所谓的"礼"就只能流于形式和教条，更无法长久传承。此外，人们对于礼制的遵守也需要丰沛的情感体验作支撑，只有将礼制的规定内化为个人思想意识的一部分，人们的行为表现才能恰当合宜，各种情绪才能"发而皆中节"，既不过度也不欠缺。因此，不论时代如何变迁，社会如何变革，都应该将重情和重礼两项结合起来，这样既能够表达出对父母的敬爱之情，又可以为后代做出很好的示范，使传统中华礼文化中的精华能够一代代传承下去。

在日常生活中子女对待父母应该尊敬，遇到困难和烦扰时也不要在父母面前放肆失态，以免让父母忧心难过。同时要多多关心自己的父母，想方设法为父母分忧，体谅父母的难处；在父母生病时，要做到无微不至地照顾，让父母的晚年生活有保障；当父母日渐衰老时，为父母养老送终是作为子女的责任和义务，在父母去世办理丧事时，一定要遵从礼节，庄严肃穆。但需要注意的是，丧礼是晚辈向长辈表达追思和悼念的仪式，最重要的不是服饰、陈设等，而是祭者发自内心的真挚情感，不必为追求形式而过于大操大办、铺张浪费；父母去世后，还应该定期祭拜父母。

总之，父母亲在世时，以礼来侍奉他们，在他们去世后，则以礼来料理丧事，养生送死的大义都做到了，才算是尽到了作为子女的本分和义务。

◎**精彩典故：**

刘恒亲尝汤药

汉文帝刘恒，是汉高祖刘邦的第四个儿子，但因母亲出身卑微，所以刘恒并不为刘邦所喜欢。刘恒与母亲在自己的封地上，相依为伴，一直过着轻松幸福的生活。后来，刘恒承继大统，做了西汉的皇帝，即汉文帝。刘恒是一位有名的大孝子，无论是自己做代王的时候，还是后来做了皇帝，都一如既往地孝顺母亲。

他的生母薄太后卧病三年。刘恒在百忙之中仍抽出空闲亲自为母亲煎药汤，并且日夜守护在母亲的床前，目不交睫，衣不解带。母亲服用的汤药，自己总先尝一尝，看看汤药苦不苦，烫不烫，自己觉得差不多了，才给母亲喝。

孝以敬为先

子游问孝。子曰："今之孝者，是谓能养。
至于犬马，皆能有养，不敬，何以别乎？"
——《论语·为政》

释文：

子游问孔子，究竟什么才叫做孝顺。孔子说："现在的人认为养活父母，让他们衣食无忧就是孝顺了。但是狗马等家畜也一样得到我们的饲养照顾，倘若不能心存一份对父母的尊敬之情，那赡养父母和饲养犬马又有何异呢？"

——◇◇ 国学链接：子游其人 ◇◇——

子游（前506—？），姓言，名偃，字子游，亦称"言游""叔氏"，春秋末吴国人，与子夏、子张齐名，孔子的著名弟子，"孔门十哲"之一。曾为武城宰（县令）。子游胸襟广阔，位列文学科第一名。孔子曾称赞他："吾门有偃，吾道其南。"意思是说有了子游，孔子的学说才得以在南方传播。子游为武城宰后，尊崇孔子的儒学思想，倡办教育，教化民众。

◎诸子之言：

孔子认为，子女对父母的尊敬才是孝顺的根本。这种情感是发自人们的内心深处的，而不仅仅流于外在的表面形式。对父母的尊敬，源自人的内在道德情感，这种情感为人所独有，是人区别于动物，也即人之所以为人的特征所在。如果一个人内心里具备了尊敬父母的真情实感，自然会有赡养父母的外在行为；如果仅仅是在衣食供养方面给予满足，那么，对于动物的饲养和对于父母的赡养就没有什么区别了。

曾子也说："孝有三，大孝尊亲，其次弗辱，其下能养。"（《礼记·祭义》）意思是孝有三种表现，大孝是尊敬父母，其次是不使自己的言行给父母带来耻辱，再次是能养活父母。曾子认为对父母的尊敬才是真正的大孝，正如孟子所说："孝子之至，莫大乎尊亲。"

关于这一点，清朝广为流传的《劝报亲恩篇》则说得更为具体："要问如何把亲孝，孝亲不止在吃穿；孝亲不教亲生气，爱亲敬亲孝乃全。"这说明，孝敬父母不单单是让他们吃饱穿暖，更为重要的是不令父母生气，发自真心地爱护父母才是全孝。

——◇◆◇ 延伸思辨：让父母尽享天伦之乐 ◇◆◇——

在当代社会中，大家庭逐渐解体，年轻人纷纷外出，于是"空巢老人"越来越多了。"外面的世界很精彩"，可家里的老人却往往忍受着寂寞。对逐渐衰老的父母来说，温饱已不成问题，物质要求也有限，他们最需要的是子女精神上的慰藉。

身为子女虽然有事业要忙碌，有幼小的孩子要照顾，但是平时也应该尽量抽时间"常回家看看"，陪父母多说说话，这样父母们会由衷地感到幸福。正如英国大诗人拜伦所说："享受天伦之乐的父母们，就连天使也要羡慕。"

——◇◆◇ 当代镜鉴：对父母要奉养，更要敬养 ◇◆◇——

人们都明白要孝敬父母，但并非每个人都懂得如何尽孝道。有人认为，给父母提供舒适的生活环境，让父母衣食无忧就是孝顺父母，其实远远不够，孔子告诉我们，孝道应在物质与精神两方面都有所体现，物质上的孝，即奉养是尽孝的基础，而做到精神上的孝，即敬爱才是大孝。

关于奉养和敬养的区别，孟子讲了这样一件事：曾子侍奉父亲曾晳吃饭，每餐都有酒肉，饭后曾子一定要请示剩下的给谁。曾子的儿子就不同了，他侍奉曾子吃饭，虽然也一样有酒有肉，但饭后不问吃剩下的给谁。一句话无足轻重，但体现的意义大不相同，曾子的请示包含的是对父亲的敬重，一切听从父亲吩咐。而对于曾子的儿子来说，父亲的意愿已经无所谓了，所以根本不问。这就是奉养和敬养的区别。

一般来说，为抚育子女而耗尽了大半生心血的老人们在子女面前，根本不指望在物质上得到多少回报。他们对于子女行孝的期望，无外乎是一个"敬"字：他们希望看到儿女们的笑脸，希望儿女尊重自己的意见，希望享受一点子女陪伴左右的天伦之乐。

古语说："百善孝为先，原心不原迹，原迹贫家无孝子。"这句话的意思是说，只要尽心尽力便是孝，如果一定要拿物质来衡量孝心，那么穷人家里就不会有孝子了。所以说，孝不仅限于物质，也不应流于形式，而是一种发自内心的真挚情感，是一种对父母由衷的敬意。要知道，子女在不经意间流露出的一丝不耐烦的神色或语气都有可能给父母带来伤害。作为子女在让父母过上充裕的物质生活之后，还要更多地注重精神奉养，做到尊敬父母，让父母生活得开心、顺心，颐养天年。

◎ **精彩典故：**

子路敬亲

子路是孔子的学生，小时候家里很穷，他虽然生性好勇斗狠，但对父母极具孝心。当地米贵，想买点粮食着实不易，父亲时常为家中无粮发愁，子路听说百里之外的一个地方粮食便宜一些，便步行去那里买粮，然后用肩膀扛回来，根本不在乎耗费时间。

父母一天天老了，可他一直没有稳定的职业，父母为此感到担心，为了不让父母操心，子路就委屈自己凑合着找点事情做。他说："父母健在，不敢只想着自己的高远志向。"

双亲故去后，他来到楚国。楚王很欣赏他，请他担任重要官职。他出去办事，跟从的车子上百辆，座位铺着厚厚的垫子；吃饭也很不一般，食物丰盛而精致。他抚今追昔，不禁悲从中来，泪如雨下，说："现在我富贵了，可是我的父母在哪里呢？尽管我还希望像当年那样从百里之外扛着米袋赶回家中孝敬双亲，但已经不可能了。"子路边说边哭，旁边的人没有不感动的。

父母在
不远游

子曰："父母在，不远游；游必有方。"
——《论语·里仁》

释文：

孔子说："父母在世时，子女不出远门；如果出远门，就必须有确定的方向和奋斗的目标。"

——◇◇ 国学链接：《论语·里仁篇》 ◇◇——

《论语·里仁篇》是《论语》的第四篇，共包括 26 章，主要内容涉及义与利的关系问题、个人的道德修养问题、孝敬父母的问题以及君子与小人的区别。这一篇包括了儒家的若干重要原则和理论，对后世都产生过较大影响。

◎诸子之言：

孔子这句话的本义是："父母在时，不做远行。若不得已要远行，也该有个方位。"钱穆先生对此有很深的理解，他认为孝顺并不是束缚子女的绳索，但是，当子女出远门时，一定要告诉父母自己在什么地方，这样一来，父母有什么事情也能及时通知子女，以免留下什么遗憾，这才是孝道。

"慈母手中线，游子身上衣。临行密密缝，意恐迟迟归。谁言寸草心，报得三春晖。"唐代诗人孟郊的这首诗道出了普天下父母对离家在外的子女的牵挂。子夏要求人们"事父母能竭其力"，作为子女，为了减少父母的担心，就应该尽量留在父母身边，随时尽心竭力地侍奉父母。如果迫不得已一定要远行，应该与父母保持联系，将父母的担忧降到最小。

——◇◇ 延伸思辨：协调好远游与孝的关系 ◇◇——

古人出门离家大概有四种情况：一是游学，到外面去求学；二是游仕，去外面做官；三是游历，到各地参观山川风物或名胜古迹；四是游玩，到朋友家里去玩。

古代受通信方式的限制，远游在外之人与家人联系十分不便，子女一旦离开父母可能失去联系，也可能终身难返，以致父母对游子牵肠挂肚，终日惶惶不安。元稹在《送卢戡》这首诗中描述了白发老母送别子女时的伤心情景："红树蝉声满夕阳，白头相送倍相伤。"因此，孔子才会说"父母在，不远游"。当然，孔子的意思并不是不让子女出门，而是要求子女要让父母知道自己具体的去处，也就是要做到"游必有方"，以免父母为自己日夜担心。

无论是古人还是今人，都面临着如何协调好远游与孝的关系的难题，孔子虽然没有为我们提供一些具体可行的方法，但是为我们指出了"游必有方"的基本原则。在现代，这个原则依然有效，它告诉我们，作为子女，身虽离家但是孝心不能变。有一颗牵挂父母的孝心，自然能够自发地去履行对父母的孝行，从而协调好远游与孝敬父母的关系。

——◇◇ 当代镜鉴：不要让父母感到孤单 ◇◇——

孝敬父母，不但要很好地承担对父母应尽的赡养义务，而且要尽心尽力满足父母情感方面的需求。特别对年迈的父母，更应该时常陪伴左右，对其精心照顾。现在大多数老人，虽然儿孙满堂，在生活上不愁吃穿，但是子女大多离开家乡，在异地打拼事业，一年到头很难见上几面。所以，这些空巢老人最渴望的就是能与儿孙们团聚，享受天伦之乐。

曾有一则公益广告将父母的这种感情抒发得淋漓尽致：一位年迈的母亲在中秋佳节之时满心欢喜，精心准备了一桌子丰盛的饭菜，最终却只等来了儿女们不能回来的电话，顿时神情落寞。

充裕的物质生活不能让父母们感到内心的快乐，其实只要儿女能够常回家陪伴，父母甘愿每天粗茶淡饭。虽然时代发展了，通信工具也迅速更新换代，真正实现了"天涯若比邻"的美好理想。但是无论科技多么发达，技术多么先进，声音和图像多么逼真，都不能替代承欢膝下的那种真实的感觉。

现代人为了生存，在外奔波忙碌情有可原，但是千万不能将家中的父母抛在脑后、置之不理，人虽然在外，但是对父母的孝心不能变。父母为了子女操劳了大半生，即使到了晚年他们还在为子女着想，为了不拖累子女，他们自愿去一些养老机构。父母最害怕的就是孤独，他们一天天老去，渴望子女的关怀，希望子女有空的时候多多陪陪他们。所以，请不要让我们的父母感到孤独，不管多忙，都应该常回家看看。

◎**精彩典故：**

望云思亲

唐朝的狄仁杰，从小家庭贫困，勤奋好学，后来做了宰相。他为官清廉，秉政以仁，朝野上下都很尊敬他。他的一个同僚，奉诏出使边疆之际，母亲得了重病，如果这样离去，无法在身边侍候，心中非常悲痛。狄仁杰知道他的痛苦心情之后，奏请皇帝改派别人。有一天狄仁杰出外巡视，途经太行山。他登上山顶向下看着云，对他的随从说："我的亲人就住在白云底下。"徘徊了很久，也没有离去，禁不住流出了思亲之泪。后人有诗颂曰：朝夕思亲伤志神，登山望母泪流频。身居相国犹怀孝，不愧奉臣不愧民。

老吾老
以及人之老

老吾老以及人之老，幼吾幼以及人之幼。
　　　　——《孟子·梁惠王上》

释文：
　　赡养和敬爱自己家的父母长辈时，也要尊敬其他人家的长辈。抚养和爱护自己家的子女时，也要爱护其他人家的孩子。

——◇◇ 国学链接：重点词语释义 ◇◇——

老吾老以及人之老：第一个"老"字作动词，表示"赡养""孝敬"的意思，第二及第三个"老"作名词，解释为"老人""长辈"的意思。幼吾幼以及人之幼：第一个"幼"字作动词，解释为"抚养""教育"的意思，第二及第三个"幼"作名词，解释为"子女""小辈"的意思。这两句话中的"及"都蕴含"推己及人"的深意。

◎诸子之言：

孔子认为"大同"世界应该是"人不独亲其亲，不独子其子，使老有所终、壮有所用、幼有所长、鳏寡孤独废疾者皆有所养"（《礼记·礼运》）的情景。孟子"老吾老以及人之老，幼吾幼以及人之幼"的社会理想是与孔子一脉相承的。

狭义的孝，是指作为子女要孝顺自己的父母长辈，而广义的孝则是指对待与自己没有血缘关系的老人，要像对待自己的父母那样关怀、尊敬。只有全社会都形成爱老敬老的风气，才能实现孔子和孟子所描述的社会理想。

早在《礼记》这部记载中国古代礼仪制度的典籍中，就已经有大量关于敬老、爱老、养老的论述。《礼记·曲礼上》中首先对老年人的地位和作用予以肯定和说明："人生十年曰幼，学；二十曰弱，冠；三十曰壮，有室；四十曰强，而壮；五十曰艾，服官政；六十曰耆，指使；七十曰老，而传；八十、九十曰耄。"可见，人的经验与才智，是随着年岁增长而日益充实的，所以老人是社会的财富而非负担。

孔子解释仁为"仁者，爱人"，可以说，敬老爱老体现的就是一种"仁"

的思想。《中庸》曰："仁者，人也，亲亲为大。"《论语·学而》曰："孝弟也者，其为仁之本与！"从这些论述中我们可以得出：孝悌是仁的根本。"爱人"并不是凭空产生的，它是从爱自己的亲人出发，由此"推己及人"，从而做到"老吾老以及人之老，幼吾幼以及人之幼"。而要做到这一点并不容易，需要把"己所不欲，勿施于人""己欲立而立人，己欲达而达人"的"忠恕之道"作为"为仁"的准则。这样，整个社会才能充满仁爱，才能尊老敬老。

——◇ 延伸思辨：古往今来，孝不可失 ◇——

在我国的传统文化中，孝文化占有极其重要的地位。孔子说："孝，德之本也。""夫孝，天之经也，地之义也，人之行也。"（《孝经·三才》）孝亲如天上星辰那样遵循规律运行，像大江大河那样奔流不竭，这是做人的行为规范和基本准则。因此，在孔子眼中孝乃是一切人伦道德的根本。这就是孝在中国传统文化中的崇高地位。

儒家亲亲、尊尊、长长的基本精神能够在孝这样一个中国文化的核心概念中得以完满体现，孝不愧为中华民族精神的渊薮。孝是构成中华民族认同的重要根基，中国人天下为公的责任意识便来自于孝。在当代，孝无论是对于构建文明社会，还是应对老龄化等时代课题，均具有不可或缺的作用。

——◇◇ **当代镜鉴：人人敬老爱老，社会才能和谐进步** ◇◇——

在我国古代，有各种敬老爱老的典礼和仪式，其中最具代表性的是"乡饮酒礼"。乡饮酒礼是一种全国性的敬老大典，自周朝开始，历代相继沿用，一直传到清代。据《礼记·乡饮酒义》记载，乡饮酒礼以德高望重的耆老为主宾，年长者为从宾，由乡先生和大夫共同主持，大部分费用由国库开支。行乡饮酒礼时，60 岁以上的长者坐，50 岁以下者站着待候，以表示对长者的尊敬。供菜的多少，也有礼节区别，即 60 岁的三盘菜，70 岁的四盘菜，80 岁的五盘菜，90 岁的六盘菜。

我国古代如此尊敬老人，与当时的社会生产力有一定关系。当时生产力水平低下，一切知识、技能只能靠老人来亲自传授，生产劳动和与自然作斗争也要依靠老人来指导，祭祀礼仪皆由老人主持。老人是知识和经验的化身，是社会的财富，他们理所当然地受到尊敬和供养。

然而无论时代和社会如何变迁，人们获得知识的渠道如何丰富多元，敬老爱老作为一项传统美德始终都不能抛弃。我们要将这项传统一代代地传承下去，并且通过全社会的共同努力，让每一位老人都"老有所养、老有所安、老有所乐、老有所终"。

老人为社会、为家庭奉献了一辈子，理应得到每个社会成员的尊敬。当前，我国已进入老龄化社会。按照国际上的惯例，60 岁以上的老龄人口超过 7% 就算进入了老龄社会。根据我国第五次人口普查数据，我国 60 岁以上人口占总人口的 10.46%，其中市为 10.05%；镇为 9.02%；农村达到了 10.92%。如何善待这些曾经对我们有过养育之恩、曾经对祖国建设作出过贡献的老人，是摆在我们每个人面前的重要问题，也是社会和谐发展所不能回避的问题。

为此，我们应该使"孝"的观念从家庭生活领域的小圈子中解放出来，使之充分融入到社会生活的大领域，让孝亲的家庭美德与敬老爱老的社会公德紧密结合在一起。每个人都应该从身边点滴的小事做起，发自内心地关爱老人，让敬老爱老在全社会蔚然成风，让普天下的老人都能享受到晚年的快乐。这样，我们的社会才能更加美好、和谐。

◎ **精彩典故：**

张良敬老

张良出身于韩国贵族之家，在他年幼时，韩国便被秦国灭亡。他由一位尊贵的公子一落而为秦朝统治下的黔首，爵位官职和荣华富贵，全部化为泡影。从此，年少气盛的张良就对秦王朝产生了不共戴天的仇恨。

公元前 218 年，张良收买了一个刺客，在阳武博浪沙（今河南郑州市北）以 120 斤重的铁锤狙击秦始皇，但误中随从副车。幸免于难的秦始皇立即下令"大索天下"，到处搜捕刺客。张良只得更名改姓，逃至下邳（今江苏邳县南）隐藏起来。

有一天，张良闲步下邳桥头，见一老人的鞋子掉落在桥下，老人见到张良，便说："孺子，下取履。"张良便替他取了上来。随后，老人又跷起脚来，命张良穿上，虽然老人的口气有侮辱性意味，但他还是恭恭敬敬地为老人穿上了鞋。老人赞扬张良说："孺子可教矣。"老人又约他五日后的早晨再见。

五天后的早晨，当张良如约来到桥上时，老人已先到达，他生气地对张良说："与老人约，为何误期？五日后再来！"

五天后，老人又先到达，又再次约五日后再见。

第三个五天后，张良索性于午夜前去等候，过了好一会儿，老人才慢慢来到。张良对老人的尊敬及其谦恭至诚的精神感动了老人，于是他拿出一部书，对张良说："读此则为王者师矣，后十年兴。"

老人说完便消失在漆黑的夜幕中。天亮之后，张良展读老人所赐书，乃是一部《太公兵法》。张良时时诵习，从此其智谋韬略大有长进。后来，张良成为刘邦的首席谋臣，为破秦灭楚，建立西汉王朝立了大功。

◎ 第三章 — 以礼待人
是人际交往之道

"中庸"这一概念最早由孔子提出，后其孙孔伋将这一儒家学说的精华阐述成一套规范人们行为处事的理论，即为《中庸》。

　　中庸智慧非常有利于人际关系的建立与发展。交往中奉行中庸之道，就是凡事要做到适度，切莫走极端、走偏锋，懂得适可而止。当然，中庸不是让人圆滑，而是教人圆通；也不是让人忍气吞声，而是教人大肚能容；更不是让人唯唯诺诺，而是教人左右逢源。

　　"礼之用，和为贵"，所谓"和"就是"中庸""中和"的意思。在人际关系中，"中庸"和"中和"的表现形式即为礼。何谓"中"？礼义是也。因此，礼是人际关系中最公平中正的表现形式。

不念旧恶
以德报怨

子曰："伯夷、叔齐不念旧恶，怨是用希。"
——《论语·公冶长》

释文：
孔子说："伯夷、叔齐不记念过去的仇恨，因此怨恨他们的人很少。"

——◇ 国学链接：伯夷和叔齐 ◇——

伯夷、叔齐是商末孤竹君的两个儿子。相传其父遗命要立次子叔齐为继承人。孤竹君死后，叔齐让位给伯夷，伯夷不受，叔齐也不愿登位，先后都逃到周国。周武王伐纣，二人叩马谏阻。武王灭商后，他们耻食周粟，采薇而食，饿死于首阳山。后人把他们当作抱节守志的典范。

◎诸子之言：

《老子》曰："善者吾善之，不善者吾亦善之；德善。"意思是说："对善良的人我以善良对待他，对不善良的人我也以善良对待他，人人同善同德。"应该可以引申为"对我有恩的人，我用付出去回报他；对我有怨恨的人，我也用自己的恩德去感化他"。

孟子曰："以力服人者，非心服也，力不赡也；以德服人者，中心悦而诚服也，如七十子之服孔子也。"（《孟子·公孙丑上》）

隋朝思想家王通在《止学》中说："君子不念旧恶，旧恶害德也。小人存隙必报，必报自毁也。和而弗争，谋之首也。"意思是说，君子不计较以往的恩怨，计较以往的恩怨会损害君子的品行。小人心有隙怨一定要报复，这样只能让自己毁灭。和睦而不争斗，这是谋略首先要考虑的。

——◇ 延伸思辨："以德报怨"与"以直报怨" ◇——

生活中，人与人交往相处难免产生恩怨纠葛，而对待"怨"的不同方式，能够衡量出一个人的品格高下。事实上，人们在看待此类问题时莫衷一是，究竟是应该"以德报怨"还是"以直报怨"成为人们长期争论的道德话题。也让每一个期望成为正人君子的人困惑不已。

"以德报怨"源自《老子·德经》:"大小多少,报怨以德。""以直报怨"源自《论语·宪问》:"或曰:'以德报怨,何如?'子曰:'何以报德?以直报怨,以德报德。'"从文本上看,老子与孔子的观点似乎相矛盾,一时让人不知所措。而拨开现象的云雾看其本质可知,二者的说法各有侧重,是针对不同行为条件和因素作出的判断,只有正确理解这两种观点的含义,才能做出正确的价值选择。

"以德报怨"是在私人领域或非原则问题上对待怨恨的价值判断和行为选择。它强调君子应当厚以待人,不计得失,尤其是以宽容之心化解矛盾。如他人待我不好,我不与之计较,反而报之以善;他人对我有恨,我非但不恨,反而给予尊重和礼遇。以德报怨的根本目的在于通过持久的善意行为感化他人,消除隔阂,以德报怨的处事方法则有利于构建和谐的人际关系。正所谓"路遥知马力,日久见人心",只要怀抱善意,就可化干戈为玉帛。

"以直报怨"是在公共领域和原则问题上为人处事的价值判断和行事态度。它强调针锋相对、据理力争,尤其是涉及到国家利益和重大关切的问题时要坚守原则、寸步不让,如西汉名将陈汤提出"明犯强汉者,虽远必诛"。以直报怨不是简单的锱铢必较,更不能借公权之手寻报私仇,其核心思维是坚持正义、明辨是非、固守底线、维护大局,敢于同一切破坏势力作斗争,并在斗争中赢得尊重。

所以,我们不可混淆了"以德报怨"与"以直报怨"的适用范围。在原则问题上必须以直抱怨,在非原则问题上,则可以以德报怨,这样才可以称为君子。

——◇ 当代镜鉴：不念旧恶方能赢得朋友 ◇——

古人有言：人之有德于我也，不可忘也；吾有德于人也，不可不忘也。这句话的意思是：别人对我们的帮助，千万不可忘了，反之，我对别人的恩德，应该乐于忘记。此种忘与不忘正是人须追求的两种人生境界。它反映了在受德和予德之间的两种值得称道的状态。

常言道："量小非君子，无度不丈夫。"不计旧恶是一种平和的心态和远观的智慧，因为过于计较他人的错处无异于自我惩罚，徒增烦恼。这样的人，典型的"小肚鸡肠"，心胸狭隘，待人刻薄，根本没有一点宽容之心，怎么还能谈什么成大器，立大业呢？

人与人相处，最难得的是将心比心。"人非圣贤，孰能无过？"当我们有对不起别人的地方时，是多么渴望得到对方的谅解啊！既往不咎的人，才可甩掉沉重的包袱，而大踏步地前进。在许多情况下，人们误以为"恶"的，又未必就真的是什么"恶"。退一步说，即使是"恶"，若对方心存歉疚，诚惶诚恐，你不念旧恶，以礼相待，说不定他也能改"恶"从善。所以，人要有点"不念旧恶"的精神。

◎精彩典故：

蔺相如以德报怨

战国时期，蔺相如在赵国为官，他奉命携和氏璧出使秦国而完璧归赵，又在渑池会盟中凭过人胆识建护国之功，被封为上卿。赵国大将廉颇对此很不服气，他一向轻视文官，认为蔺相如一介书生，区区口舌之功却深受赵惠文王的赏识重用，官职还位居自己之上，于是跟周围人表达不满，扬言说见到蔺相如，一定要羞辱他。知悉此事的蔺相如不肯再同廉颇会面，为了避免与廉颇直接冲突，时时称病不上朝，出门时远远看到廉颇的马车，赶忙让自己的车夫驱马回避礼让。长此以往，蔺相如的门客愤愤不平，纷纷前来规谏，说蔺相如处处忍让躲避，实在有失尊严。蔺相如说道，威势如秦王我尚且不畏惧，敢于在朝堂之上呵斥他，难道我偏偏就会惧怕廉颇将军吗？我想到的是秦国不敢轻易来犯，是因为有我与廉颇二人在，若两虎相争，势必两败俱伤，秦兵趁虚而攻则国家危难啊！蔺相如不计个人荣辱和以德报怨的举动深深触动了廉颇。他被蔺相如的胸襟和见识所折服，为自己小肚鸡肠的行为惭愧不已，于是解衣露膊，背负荆条到蔺相如的府上请罪。最终两人消除了误解，结为誓同生死的朋友，传下将相和的美谈。

亲疏有度
浓淡相宜

事君数，斯辱矣；朋友数，斯疏矣。

——《论语·里仁》

释文：

事奉君主，如果数次进谏君主不听，那么就应该停止，否则会遭到厌烦而受辱；交往朋友，屡次劝告朋友不听，也应该停止，否则会被疏远。

——◇◇ 国学链接: 《论语》的版本 ◇◇——

春秋时期没有印刷术, 书籍传播靠的是口头传授和抄写, 地区、语言以及群体的差异导致了《论语》流传解读的差异。到了汉代, 《论语》有三种版本: 一个是在鲁地流传的本子, 叫做《鲁论》, 一个是在齐地流传的, 叫做《齐论》, 这两个版本都是汉初经过口头传授、隶书记录而传承的, 被称为今文本; 第三个是景帝时期人们拆孔子旧宅时所发现的《论语》古籍, 它所用的战国字体相对汉隶属于古文书体, 因此人们称之为《古文论语》。

◎诸子之言:

我国自古就讲究与人交往的分寸。《礼记·曲礼上》曰: "夫礼者, 所以定亲疏, 决嫌疑, 别同异, 明是非也。礼不妄说人, 不辞费。礼不逾节, 不侵侮, 不好狎。修身践言, 谓之善行。行修言道, 礼之质也。"意思是说, 礼是用来确定亲疏、决断嫌疑、分别异同以及明辨是非的尺度。依礼说话, 不随意取悦他人, 不说多余无用的话。依礼行事, 不逾越节度、不侵侮他人、不戏谑轻薄。注重修养, 践行诺言, 这叫做善行。行为有修持、说话合道理, 这是礼的根本。可见, 与人说话、交往、办事, 都蕴含着分寸的玄机。

所谓分寸就是在交往中要把握好"亲"与"疏"的度。人与人之间, 要保持适当的距离, 这样才能让彼此感到舒服。《庄子·山木》中有一句话: "君子之交淡若水, 小人之交甘若醴。"意思是说, 君子之间的交往淡得像水一样, 小人之间的交往甜得像甜酒一样。因为君子有高尚的情操, 所以他们的交往淡得像水一样, 不含任何功利之心, 虽然彼此保持距离但却能够长久而亲切。而小人之间的交往，包含着浓重的功利之心，他们把友谊建立在相互利用的基础上，表面看起来"甘若醴"，如果对方满足不了其功利的需求时，就很容易断绝。

——◇◇ 延伸思辨：莫让距离冲淡了友谊的酒 ◇◇——

友情，对一个人的成长来说非常重要。小时候，有情同手足的伙伴，长大了有"心有灵犀一点通"的至交。正是这些知心朋友，在自己成长的路上给予莫大的鼓舞和奋发向上的力量，我们才能不畏艰辛，跋山涉水，最终达到预定的目标。有人说："友情是灯，愈拨愈亮；友情是河，愈流愈深；友情是花，愈开愈美；友情是酒，愈陈愈香。"但是，真挚的友谊是需要用心经营的。如果不常和朋友联系，时间久了，感情会慢慢变淡，距离长了，感情也会渐渐疏远。

所以，莫要让距离冲淡了友谊的酒，我们要学会珍惜来之不易的友谊。当朋友点燃生日蜡烛的时候，不要忘了给朋友寄去一张饱含深情的贺卡。在寒风凛冽、雪花飘飞的冬日里，给仍在忙碌的朋友送去一份洋溢着温暖的问候。这样，也许你与好友不一定能长久地共处一地，但彼此间的深情厚谊却不会因双方暂时"天各一方"而有所变，正所谓：海内存知己，天涯若比邻。这样，我们的友情才是一杯绵厚醇香的酒，岁月愈久，味儿愈香；才是一杯清香淡雅的茶，日子越久，余味留存的时间也就越长。

——◇◇ 当代镜鉴：亲疏有度，浓淡相宜 ◇◇——

每个人都有着良好的愿望，都希望自己所拥有的人际关系亲密度越高越好，但这是不妥当的。正所谓"距离产生美"，人际交往中"亲密并非无间，美好需要距离"。

人与人的相处其实就像刺猬取暖一样，离太远了不行，离太近了也不行。只有做到亲疏有度、浓淡相宜，才能保持友谊的长久。

亲疏有度，浓淡相宜，是朋友间良好交往所必须掌握的一种分寸，只有这样，才能互相尊重互相欣赏。还可以省去由于交往过密而带来的副作用，避免许多矛盾和误会。亲疏有度、浓淡相宜，也可以使人与人之间的关系富于弹性，说得来便可多谈一会儿，说不来彼此客气也不失为一种礼貌。这种亲疏有别、进退自如的关系正好给我们提供了更广阔的交往天地。

另外，在与人交往过程中也要保持适当的空间距离。长幼有序、亲疏有别，不能一概而论地推崇亲密无间。要通过保持距离、留足空间给他人以尊重和舒适度。根据人们交往关系的不同程度，人际距离可以分为四种类型，即亲密距离、个人距离、社交距离及公众距离。

亲密距离处于 0 到 0.45 米之间，是人际交往中最小的间距。处于 0 到 0.15 米的亲密接触常发生在恋人、父母与子女之间，彼此常有直接的身体接触。处于 0.15 到 0.45 米的半亲密接触常发生在兄弟姐妹、亲密朋友之间，可以挽臂执手，促膝倾谈。

个人距离处于 0.45 到 1.2 米之间，这种距离少有直接的身体接触，可以握手、交谈，适合在熟人之间。即使双方发生挑衅或冲突行为，也能够给各自留出可支配的势力圈。

社交距离处于 1.2 到 3.6 米之间，超出了亲密或熟悉的人际关系，一般是工作等正式场合的交往距离。上下级、主人与宾客之间的谈话、报告、会谈、会晤等可以采用这个距离，既能够区别身份表示尊重，又能保证互相的动作不会触碰到对方、飞沫不会溅到对方。

公众距离是 3.6 米以外的距离，这是产生势力圈意识的最大距离，很难进行直接的互动交谈。一般适用在演讲会、报告会和表演会等大型场合中。

总之，亲疏有度，浓淡相宜是交友的一种艺术，它包含着在理解别人的基础上所持有的一份尊重，要想把这种艺术发挥好，需要我们在人际交往中体会拿捏。

◎ **精彩典故：**

司马光荐友

司马光官拜宰相后，推荐刘元城到集贤院任职。他问刘元城，你知道我为什么推荐你吗？刘元城回答："是因为我是你的弟子吧？"原来，刘元城考中进士之后，并没有急着去做官，而是跟随司马光学习。司马光回答："我赋闲居家之时，你经常问候我，而我出任宰相之后，你却不再问候我，这就是我推荐你的原因。"由此可见，司马光看重刘元城的崇高品格与交往之道，不刻意逢迎巴结，懂得保持距离。

严于律己
宽以待人

子曰："躬自厚而薄责于人，则远怨矣。"
——《论语·卫灵公》

释文：

孔子说："多责备自己而少责备别人，就可以避免别人的怨恨了。"

──◇◇ **国学链接：《论语正义》** ◇◇──

清代的儒生大多不满意于唐、宋人对《论语》的注疏，所以陈奂（1786—1863年）作《毛诗传疏》，焦循（1763—1820年）作《孟子正义》。刘宝楠（1791—1855年）便依焦循作《孟子正义》之法，作《论语正义》，因病而停笔，由他的儿子刘恭冕（1821—1880年）继续写定。所以这本书实际是刘宝楠父子二人合著。书中征引广博，折中大体恰当，具有很高的参考价值。

◎**诸子之言：**

恕以待人，严于律己，知过即改，是儒家的待人之道。以责人之心责己，就会减少自己很多过失；以恕己之心恕人，就可以维护人与人之间的良好关系。要明白"己所不欲，勿施于人"，这种推己及人的恕道，是一个人修养品德的根本要诀。

《孟子·离娄上》曰："爱人不亲，反其仁；治人不治，反其智；礼人不答，反其敬——行有不得者皆反求诸己，其身正而天下归之。"意思是说：关爱他人，他人却不亲近，就要反省自己是否足够仁爱；管理百姓，却管理得不好，就要反省自己是否足够智慧；礼待他人，他人却不理睬，就要反省自己是否足够恭敬——凡行事没有达到预期效果的，都应该反省自己，只有自己态度和行为都端正了，天下人才会归服。

对此，老子也说："圣人不病，以其病病。"意思是说，圣人之所以很少出毛病，就是因为他们严于律己，时时鞭策自己。

唐代文学家韩愈说过："古之君子，其责己也重以周，其待人也轻以约。

重以周，故不怠；轻以约，故人乐为善。"意思是说，古时候的君子，他们要求自己严格而周全，对待别人宽容又简约。严格而周全，所以不怠惰；宽容又简约，别人就乐意做好事。可见，严于律己，宽以待人，应该是每一个人为人处世的准则。

处世经典《菜根谭》上说："律己宜严，待人宜宽，人之过误宜恕，而在己则不可恕。"即对待别人的过失和错误应该多加宽恕，可是对待自己的过失和错误却不可轻易宽恕。

——◇◇ 延伸思辨：严于律己易，宽以待人难 ◇◇——

很多人生哲理，看起来简单，做起来难。

严于律己，宽以待人，也属于这一类人生哲理。因为它违反了一个最基本的心理学道理：一个人外部的人际关系，是他的内在关系模式的展现。

按照这个道理，内在的关系模式往往会影响其外部的行为表现。一个对自己过于苛刻的人，更可能的选择是苛责别人，更别提宽以待人；一个对自己宽容的人，更可能选择是宽以待人，但是也不排除苛责别人的可能性。正因为如此，一个人能同时做到严于律己，宽以待人就显得尤为难得可贵。

有人说："不会宽容别人的人，是不配得到别人的宽容的。"所以，一个人对他人是不可以过分苛刻的，在日常生活中我们每个人也应该拥有一颗宽容之心，应该努力做到宽以待人。

——◇ **当代镜鉴：不要以双重标准来要求自己和他人** ◇——

"当局者迷，旁观者清。"在我们周围，总会有这样一种人，他们在评价别人时常常说得头头是道，然而，一旦当他自己身陷其中，成为"局内人"，往往就失去了冷静分析的能力，从而犯了与别人相同的错误。

人是感性的动物，对待事物、处理事情往往以自己看到的情景，依照自己的价值观和思维模式进行分析和判断，因此对待别人与要求自己就有了双重的标准。

世界上，不同的事物各有长短："梅须逊雪三分白，雪却输梅一段香"（卢梅坡《雪梅》其一）"相如工而不敏，枚皋速而不工"（《梁书·张率传》）……金无足赤，人无完人。所以我们在生活中对待自己和他人应该坚持一元标准，在生活和工作当中，要见人之长，容人之短。

严于律己、宽以待人的态度，是人际交往中的"润滑剂"，可以减少生活中许多不必要的摩擦和纷争，如果总是戴着有色眼镜看人，一语不合就"针尖对麦芒"，那么一句话，一件微不足道的小事，都可能闹得不可收拾。俗话说："心底无私天地宽，人到无求品自高。"事实证明，一个人只有跳出个人的圈子，才能严于律己，宽以待人。

◎ **精彩典故：**

楚庄王绝缨之会

春秋时期楚庄王一次大宴群臣，直喝到日落西山，又点起灯烛继续喝。忽然，刮起一阵大风，把宫中灯烛全部吹灭。这时，一个喝得半醉的将军忽然拉住了一位妃子的衣服。妃子大惊，摸着这个人的头盔，折断了他头盔上的帽缨，大喊："大王，有人想趁黑侮辱我，我已经折断了他的帽缨，拿在手上，请一会儿点灯后看谁的头上没帽缨，问他的罪！"楚庄王马上说："且慢！我今天请大家喝酒，使有的人喝醉了。酒后失礼不能责怪。我不能为了显示你的贞节而伤害我的大臣。"庄王又说："今天痛饮，不拔掉盔缨不算尽欢，大家都把盔缨拔掉！"参加宴会的有一百多人有盔缨，全部拔掉了，然后才重新点灯。君臣直喝得尽欢而散。三年以后，楚晋大战。有一位将军总是奋不顾身冲在前面。他首先冲进敌阵，击溃晋军。庄王把那位将军召到跟前，对他说："我平日并没有特殊优待你，你为什么这么舍生忘死地战斗呢？"那个人回答说："三年前宴会上被折缨的就是我。蒙大王不杀不辱，我决心肝脑涂地，以报大王之恩。"由于楚国将领个个效忠，终于打败了晋军，楚国从此更加强盛起来。

敬人者
人恒敬之

夫礼者，自卑而尊人。
虽负贩者，必有尊也，而况富贵乎？
富贵而知好礼，则不骄不淫；
贫贱而知好礼，则志不慑。
——《礼记·曲礼上》

释文：
　　礼是克制自己而尊重别人。虽是微贱之人，必定有可尊重的地方，何况富贵之人呢？
富贵的人懂得爱好礼，就不会骄奢淫逸；贫贱的人懂得爱好礼，就会心无所怯，志无所惑。

——◇ 国学链接：《曲礼》◇——

《曲礼》是《礼记》的一部分，分上、下两篇。曲为细小的杂事，礼为行为的准则规范，"曲礼"是指具体细小的礼仪规范。

◎诸子之言：

"礼"的基本精神是恭敬。我国古代礼仪制度的文献汇编《礼记》，开宗明义就讲"毋不敬"。《礼记·曲礼上》曰："毋不敬，俨若思，安定辞，安民哉！"意思是说，心中要有个"敬"字，态度庄重像有所思虑，说话要安详确定，这样才能使人信服啊！礼仪在外表体现为敬，在内心体现为安，"内静外敬"是基础的礼仪原则。所以《礼记》开篇即讲敬慎之道，认为只有态度庄重，语气安定，才能令人心服。

《孟子·离娄下》曰："爱人者，人恒爱之；敬人者，人恒敬之。"《孝经·广要道章》曰："礼者，敬而已也。"这告诉我们，在与他人交往的过程中，只有心里装着他人，设身处地去理解别人、尊重别人，才可能有文明礼貌的举止，才能同样获得他人的尊重。

有一次，学生子张问孔子，如何使自己到处都行得通，孔子回答了六个字："言忠信，行笃敬。"（《论语·卫灵公》）即说话要诚实，行为要厚道恭敬。孔子说，如果做到了这两点，即使是到了别的国家或部族，也行得通；反之，就是在本乡本土，也寸步难行。孔子所说的"行笃敬"，就是说凡与人交往，要坚持恭敬的态度。

《论语·季氏》也说："貌思恭"，"事思敬"。儒家思想认为，"礼"

要求人们"恭"在貌而"敬"在心。恭敬是尊人，谦逊是卑己，虽然恭敬和谦逊在分别使用时，具体含义不尽相同，但是对于"礼"的观念来说，二者则都是要求个人"辞尊居卑"（朱熹语）。只有自己谦逊，才能待人恭敬。因此，恭敬之德，必有谦逊之心，恭敬和谦逊密不可分。

——◇◇ 延伸思辨：敬而知其短，憎而知其长 ◇◇——

对于有学识有能力的人，要始终怀有一种钦敬的态度，但是不可以盲目信从别人。人无完人，无论一个人多么伟大，总会有他的短处，无论一个人多么可恨，总有他的长处。正如《礼记·曲礼上》所说："贤者狎而敬之，畏而爱之。爱而知其恶，憎而知其善。"贤德之人要亲近、尊敬他，畏服又爱重他。但是，对于自己敬爱之人也要知道他的短处，对自己憎恶之人也要了解他的长处。

——◇◇ 当代镜鉴：学会尊敬他人 ◇◇——

相互尊重是人际社会相处的重要原则。美国哲学家约翰·杜威说："人类本质里最深远的驱策力就是希望具有重要性。"每一个人来到世界上都有被尊重、被关怀、被肯定的渴望，当你满足了他的要求后，他就会在你尊重的那一个方面焕发出巨大的热情，并成为你的好朋友。

尊重他人，并不是满口虚话，阿谀奉承。而是要以诚相待、以礼相待，"身不用礼而望礼于人，身不用德而望德于人，乱也。"（《孔子家语·颜回》）如果老是论人是非，攻讦他人隐私，却想让人尊重于你，是不可能的。诚如近代著名的净土宗大师印光大师所云："念佛人只看好样子，不看坏样子，看他人皆是菩萨，唯我一人是凡夫。"一个真正明白佛法的人，不但会对朋友、亲人存恭敬心，对不认识的人也会和蔼相待，就算是对那些不好的人，也仍然会礼敬三分，会当他是助我成道的助缘，而不心生嫌恶。要知道，别人就是自己的一面镜子，你施与的是敬意，看见的也是敬意；你施与的是友善，看见的也是友善。反之，你施与轻视，看见的也是轻视；你施与的是羞辱，看见的也是羞辱。

佛教提倡"诸善奉行，诸恶莫作"，而善的奉行，就是首先要有一颗恭敬的心。这颗恭敬的心让我们能够善待他人，得到心灵的安宁，而心灵的安宁则意味着我们善待了自己。

所以，在人际交往活动中必须尊重对方的人格尊严，人与人之间彼此尊重，才能保持和谐愉快的人际关系。实际上，尊重应该是相互的，你尊重别人，别人自然也会尊重你；你不尊重别人，你也不会被尊重。任何人都希望别人尊重自己，所以人人都应该学会尊重别人。

◎ **精彩典故:**

秦始皇尊师

秦始皇嬴政是中国古代第一个称皇帝的君主，他横扫六国，南平百越，北击匈奴，首次完成中国的统一大业，建立了中央集权的封建君主制度。秦始皇不仅是一个具有雄才大略的皇帝，也是一个尊师重道的榜样。相传公元前216年，秦始皇第四次东游出巡，他乘着车辇，在文武群臣和庞大车队的簇拥下浩浩荡荡来到了燕国故地仙岛。这里地处渤海、四面环水，景色宜人，正当众人沉醉于美景之时，秦始皇突然起身下马，在藤树面前撩衣跪拜起来，随从不解，但亦跟着叩头参拜。等到皇帝站起身来，丞相李斯问何故跪拜。原来，秦始皇幼年时在赵国邯郸从师，启蒙先生第一堂课给他讲姓氏"嬴"字的写法，结果幼年嬴政因为没有用功复习所以第二天默写不出，便被先生用藤条训斥。他告诉嬴政如果连默写自家的姓都觉得困难，将来治理国家会难上百倍，又何以处之？这件事对秦始皇的启发很深，当他统一天下，富有四海时，仍不敢忘记先生教诲，看到藤树荆条只觉先生之言犹在耳，便下马跪拜，以示对先生的尊敬和怀念。

秦始皇的做法让在场的文武百官触动不已。后来，人们将这个岛命名为秦皇岛，传说岛上的荆条为秦始皇敬师的精神所感动，皆垂首向下，好似叩头答谢一般。

君子和而不流

做人要脱俗，不可存一矫俗之心；
应世要随时，不可起一趋时之念。
——洪应明《菜根谭》

释文：
做人既要摆脱世俗风气的影响，又不可存有矫正世俗风气的想法；处世既要随和顺应，又不能为了迎合时尚而丧失自我。

——◇◇ 国学链接：《菜根谭》◇◇——

《菜根谭》是明代晚期洪应明撰写的一部人生智慧题材的语录体著作。宋人汪信民云："人咬得菜根，则百事可做。"朱熹云："某观今日因不能咬菜根而至于违其本心者众矣。"明人孔兼称："谭以菜根名，固自清苦历练中来。"《菜根谭》全书糅合了儒家的中庸与安贫乐道、道家的无为与重生轻物、释家的出世与空寂幻灭等思想观念。儒家认为做到了中庸，人与人之间就达到了"和"，社会也就"和"。孔子说："君子之中庸也，君子而时中；小人之反中庸也，小人而无忌惮也。"君子用心做人做事，恪守原则。而小人毫无原则，所以做事毫无顾忌，往往通过非常规的手段获得原本不能获得的利益。

◎诸子之言：

洪应明的这句话所体现的就是"和而不流"的处世交友之道。"和而不流"出自《中庸》："子路问强。子曰：'南方之强与？北方之强与？抑而强与？宽柔以教，不报无道，南方之强也，君子居之；衽金革，死而不厌，北方之强也，而强者居之。故君子和而不流，强哉矫！中立而不倚，强哉矫！国有道，不变塞焉，强哉矫！国无道，至死不变，强哉矫！'"

子路问什么是强，孔子说："你问的是南方的强？还是北方的强？或是你所认为的强呢？用宽容柔和去教育人，不报复蛮横无理的人，这是南方的强，品德高尚的君子具有这种强。用兵器甲盾当枕席，虽死无憾，这是北方的强，勇武好斗者具备这种素质。所以，君子和而不随波逐流，这才是真正的强啊！保持中立而不偏不倚，这才是真正的强啊！国家政治清明，不因自己挫折穷困而改变志向，这才是真正的强啊！国家政局混乱，社会动荡不安，坚持操守至死不渝，这才是真正的强啊！"

《中庸》中讲"君子和而不流"，这句话说的是，真正有德行的君子宽宏大量，能够适应环境、能够容纳各种各样的人和事情，但是又能坚守自己的品格和操守，高洁傲岸，绝不随波逐流。所谓中庸之道就是如此，既不自命清高，又不随俗沉浮，没有倾向任何一方，而是在二者兼具中达到平衡状态。

——◇◇ 延伸思辨：君子如何对待小人 ◇◇——

一些刚直的年轻人常常是嫉恶如仇、义愤填膺，他们坚持要与种种卑劣的小人行径以硬碰硬、斗争到底。这种精神是好的，但其做法却是不可取的。

《菜根谭》中说："休与小人仇雠，小人自有对头；休向君子谄媚，君子原无私惠。"意思是说，不要和行为不正的小人结下仇怨，小人自然会有他的冤家对头；也不要向君子讨好献媚，君子本来就不会因为私情给予恩惠。

清代金兰生所编《格言联璧》中讲到如何对待小人时也说："小人固宜远，然断不可显为仇敌。"对小人不亲近，但是也不公开结为仇敌，洁身自好，明哲保身。

在对待小人的时候，难得的是做到"不恶"，因为对这样的人，恶是起不了什么作用的，互相谩骂攻击更解决不了问题。揭露小人，祛除小人，需要等待时机，需要做充分的准备。如果时机不成熟，条件不具备，就与小人公开决裂，不但事情做不成，反而自身却要遭到不必要的损失。因此，对待小人要讲究策略，要在不与之同流合污的前提下，保持表面上的和气。

——◇◇ 当代镜鉴：与人交往，和而不流 ◇◇——

人生在世，总是与其他人有着千丝万缕的联系。和谐相处，正是人生存和发展的重要前提。试想一下，如果一个人四面树敌，根本无法与人和谐相处，怎么能生存下去呢？又谈何发展呢？更谈不上"强"！因此，不"和"就一定不"强"。

与人和谐相处，获得生存和发展的空间，得到他人的认同，使团结成为现实，从而达到"强"。而这种"强"，更多的是群体的"强"，而可能不是作为个人的"强"。因为与人和谐相处，也有可能随波逐流，这时的"君子"只是群体中的一份子。群体的"强"不能等同于个人的"强"。如果"和而流"，那么就没有了个性，个人的价值就很难显现。集体的价值固然重要，个人的价值也不可忽视。

君子的"强"是"和"与"不流"的有机统一。"和"是前提，是基础。"不流"才是"强"的核心和关键。只有"不流"才有特立的个性，才有特异的人格力量。这种特立的个性和特异的人格力量，往往使人折服，使人向往，使人崇拜，从而凝聚群体，形成"强"场。

此番道理同样适用于人际交往之中。每个人皆有自己独特的情感、欲望与诉求，加之个体思维模式存在的天然差异，那么人与人交往互动的状态和效果就不一定都能达到各自的预期。这就需要我们换位思考，多站在他人的立场、视角和需要等方面考虑问题，以随和的态度与人相处。尊重他人的个性，不必因他人见识不如自己、社会地位不如自己而看不起人。

假如对他人的过错严加申饬而毫不留情，即使自己观点正确也容易引起他人的不适与反感，从而不被接受。相反地，如果能够充分尊重他人的意见和情感，以理服人，又能以和待人，那么对方也会觉得如沐春风，诚心诚意地接受批评意见。

当然，做人随和，也要注意"不流"。不能因为朋友、亲人关系亲密而盲目从众、事事随流。要保持思想的自由和人格的独立，看淡人际往来中的利益纠葛，在大是大非面前勇于坚持立场，能够独立思考和判断，在正视不同意见基础上达到求同存异。

和谐相处，又各自保持人格的独立，这才是"和而不流"。

◎ **精彩典故：**

柳下惠和而不流

柳下惠是中国古代著名的思想家、政治家和教育家，春秋时期曾任鲁国士师，掌管刑狱诉讼之事。他品质高洁，卓然自立，但从不以圣人自居，时常表现出不拘小节、随性洒脱的风度。

《孟子·万章下》记载，柳下惠"不羞污君，不辞小官"，他并不因事奉庸君而感到羞耻，也不因官职微小就推辞，自己为官向来遵守原则，行事"进不隐贤，必以其道"。《论语·微子》记载了柳下惠在鲁国做官而数次被罢免的故事，别人问柳下惠，为何不去其他国家任职？柳下惠回答：正直的人为官做事，去哪里不会遭罢黜？如果屈节从事，阿谀奉迎，在鲁国照样做官，何必离开？

柳下惠做官和而不流，与人交往亦是如此。他与普通老百姓甚至是粗鲁庄稼汉都能愉快相处，与其畅谈时乐在其中，久久不愿离去。一方面，他不会对他人有过高要求，不觉得身居官场就有地位，混迹平民就变得粗野。另一方面，他修养高尚，不会因为外物的影响让自己违背原则，品行变质，所以真正做到了君子"和而不流"。孟子将柳下惠与伯夷、伊尹同列，盛赞他为"圣之和者"。

"道之以德，齐之以礼"是孔子重要的管理思想之一。"齐"是约束的意思，"礼"在中国古代是调整人与人之间的各种社会关系和权利义务的规范和准则。孔子一方面主张以德治人、以德治国，利用道德的深远力量教化民众，提高整个社会的道德意识，激发主体的道德自觉，实现良性的社会管理。另一方面，孔子主张依礼行事，让礼法成为评判一切行为的价值尺度。通过内在道德和外在约束的双重配合，最终达到理想的社会秩序。

　　在现代管理思想中，"礼"仍然具有重要的价值和意义。"礼"表现为一种无形的道德准绳和行为规范。束之以礼是一种软约束，是传统文化在现代管理中的生动体现，值得管理者借鉴。束之以礼，以礼服人，才能自立自强。管理者应当注重自身以及下属的礼仪建设和素质培养，务必要"学礼知礼"，"立于礼"，继承和弘扬中华优秀传统礼文化，发挥"礼"在现代管理中的重要作用。

◎

第四章

以礼服人
是现代管理之术

用制度约束
和规范行为

有子曰："礼之用，和为贵。先王之道，斯为美，小大由之。
有所不行。知和而和，不以礼节之，亦不可行也。"
——《论语·学而》

释文：

有子说："礼的应用，以和顺为贵。以前圣明君主治国，都在这个方面做得很好，无论大事小事都按这一条原则去执行。但也有不能实行的，那就是只知道和顺可贵而一味地和顺，而不用礼法去制约，也是行不通的。"

——◇◇ 国学链接：《学而》◇◇——

《学而》是《论语》的第一篇。《论语》中各篇一般都是以第一章的前二三字作为该篇的篇名。《学而》一篇包括十六章，内容涉及诸多方面，重点包括"吾日三省吾身""节用而爱人，使民以时""礼之用，和为贵"以及仁、孝、信等道德范畴。

◎诸子之言：

我国自古就重"礼"，古往今来，有关"礼"的记录和要求可谓数不胜数。子产说："礼，天之经也，地之义也，民之行也。"（《左传·昭公二十五年》）《荀子·修身》说："人无礼则不生，事无礼则不成，国无礼则不宁。"《礼记·曲礼上》说："人有礼则安，无礼则危。"颜元说："国尚礼则国昌，家尚礼则家大，身有礼则身修，心有礼则心泰。"这些都是在强调"礼"对修身、齐家、治国、平天下的重要作用。

许慎《说文解字》称："礼者，履也。"所谓履，即言人之举动不出乎规矩。儒家的管理思想强调道德的内驱力、道德的自律与自觉，但同时也不忽视外在的约束机制，即所谓"道之以德，齐之以礼，有耻且格。""齐"就是约束，即用"礼"来约束人的行为，从而调和矛盾，达到管理的目的。

《孙子兵法》也说："厚而不能使，爱而不能令，乱而不能治，譬若骄子，不可用也。"意思是厚待士兵却不能指使士兵，宠爱士兵却不能号令士兵，士兵违法却不能处置士兵，导致士兵像被宠坏的孩子一般，这样的士兵在作战中是不能启用的。作为管理者可以有仁爱之心，但若太过宽容，当严不严和姑息迁就，导致"不能使""不能令""不能治"等现象出现，就是管理者的失察失职。

——◇◇ 延伸思辨：学会以情"制"人 ◇◇——

规章制度必须具有约束性，但是如果仅仅重视规章制度的建设，而忽视人的因素和情感的因素就陷入了管理的片面性。

"情感管理"就是用情感的方式凝聚人心，使管理者与被管理者达成荣辱与共的共识，形成一个富有凝聚力的战斗集体。"情感管理"实际上也是管理中"以人为本"的一种具体体现。因为人都是有感情的，人的感情和情绪对一项工作的成败起到至关重要的作用。作为管理者来说，就要努力培育员工的"积极情感"，开释员工的"消极情感"，从而利于工作的开展。

当管理者过度强调制度而忽视情感的温度，没有发挥情感的调节与聚合作用，管理效果也会大打折扣。只有情感与制度并行，关心与爱护并随，才能真正激发员工的工作激情。以制度约束为基础，以情感管理为辅助，这样的管理才是最符合人性的管理。

——◇◇ 当代镜鉴：管理需要严格规范的制度 ◇◇——

有效的约束在现代管理中是十分必要的，因此，建立合理的、科学的、系统的、适用的规章制度是现代管理中不可或缺的重要部分。许多家族式的民营企业最后走向失败就是因为忽视了制度的重要作用，存在太多的人情管理。没有严格制度的公司，就会造成公平和效率的缺失，企业自然不能长久生存。

何谓管理？管为约束，无约束则无管理；理为疏理，与约束相辅相成。管理就是在约束、控制、制约的基础上，对被管理对象进行梳理并使之有序的行为。

常言说"无规矩不成方圆"，作为管理者应该对下属进行严格的约束和规范，做到"以礼节之"，也就是说，要将"制度约束"作为管理的基础和保障。

一个企业必须建立起一套科学完备的制度体系，使管理有章可循，运转有序，减少管理中的随意性和人情因素，避免出现指挥失灵的现象，增加管理的可预见性。

要保证制度的科学完备，管理者需要注意，制度的制定要具有广泛的认同性。尽可能地广泛征求员工的意见，在取得较为广泛的认同后再确定实施。因为这样形成的制度才会更加符合实际，更具效力。另外制度的制定还要讲究周密性。如果一项制度漏洞百出、不够具体细致，那么就形同虚设，难以在实际管理中进行操作，也就难以发挥效力。

最重要的是，执行制度要严格和一贯。制度一经形成就要具有严格的约束力，在制度面前要人人平等，只有这样一项制度才能长期有效。制度只要有一次被破坏，便会同蚁穴破大堤一样地垮掉。此外执行制度还要前后一致，力度均匀，持之以恒。如果有时严，有时松，有时执行，有时不执行，那么这项制度也不会为员工所重视。

总之，一个企业如果没有规章制度，员工的行为就会随心所欲，谈管理将是句空话。尽管企业管理属于软实力范畴，但管理的方式却不能软弱无力，严格又保有弹性的制度设计，是企业获得成功的基础条件。

◎**精彩典故：**

周公制礼作乐

周公姓姬名旦，周文王第四子，曾封邑在周（今陕西省岐山北），故称周公，是儒家最为推崇的圣人之一。周公先后辅佐武王灭殷，辅佐成王治理国家。周公曾制定了一套完整的政治及文化方面的典章制度，史称"周公制礼作乐"，其目的是巩固周王朝的统治，控制分封诸侯。周公参考殷礼、周制，确立周天子是"大宗"，为天下共主；和周王有关系的叔伯、兄弟等同姓诸侯是"小宗"；接下来是和周王室有亲戚关系的异姓诸侯。形成了一整套完整的包含天子、诸侯、大夫、士等在内的礼法制度，这种制度是以血缘关系为纽带的宗法制。由这种有血缘关系的宗法制和级别严格的等级制形成了一套完整的君臣、父子、上下、尊卑、亲疏等的礼仪制度。

此外，周公还制定了"吉、凶、军、宾、嘉"，即当时所谓的"五礼"，包括了祭祀、丧葬、军旅、盟会、朝觐、婚冠等的典礼仪式，还有在社会中各种行为的准则等。

"国之大事，在祀与戎。"（《左传·成公十三年》）当时，祭祀与战争仪式非常隆重，不同典礼有不同的仪式，这些都要配以各种不同的乐舞，这就是"作乐"的内容。如周代"六舞"（又称"六乐"）中的《云门》《大夏》等都可能经过周公的加工整理。

周公所创礼乐，对周王朝的统治影响深远，形成了四十年不用刑罚的"成康之治"盛景，也为后世王朝的统治者提供了治国镜鉴。

刚柔并济
方能有效管理

赏善罚恶，威恩并行。
——（晋）陈寿《三国志·吴书·周鲂传》

释文：
奖赏善行和惩罚恶行要结合，威严和恩惠要并行。

——◇◇ **国学链接：陈寿其人** ◇◇——

陈寿（233—297年），字承祚，巴西安汉（今四川南充）人。西晋史学家。在蜀汉时曾任卫将军主簿、东观秘书郎等职。当时，宦官黄皓专权，大臣都曲意附从。陈寿因为不肯屈从黄皓，所以屡遭贬黜。入晋以后，历任著作郎、长平太守、治书侍御史等职。280年，晋灭东吴，结束了分裂局面。陈寿当时四十八岁，开始撰写《三国志》。《三国志》属于纪传体断代史，记载三国时期魏、蜀、吴的事情。其中，《魏书》三十卷，《蜀书》十五卷，《吴书》二十卷，共六十五卷。记载了从魏文帝黄初元年（220年）到晋武帝太康元年（280年）六十年的历史。

◎ **诸子之言：**

宽宏大度，有助于聚集人心。一个领导者胸怀是否宽广，通常会关系到下级的"人心向背"问题。《朱子家训》曰："滴水之恩，当涌泉相报。"受帮助的人通常会心存感激，这样便能够获得更多的信赖，工作起来也就事半功倍。诸葛亮说"鞠躬尽瘁，死而后已"，正是因为感念刘备的知遇之恩。

"人非圣贤，孰能无过"，面对下属的过错，要能够包容。《论语·八佾》："子曰：'居上不宽，为礼不敬，临丧不哀，吾何以观之哉？'"孔子说，在上位却不能宽宏大量，行礼时不严肃认真，参加丧礼时不悲哀，这种人，我还有什么可看的呢？

《说文解字》："威，畏也。"《孟子·公孙丑下》："威天下不以兵革之利。"所谓"无规矩不成方圆""国有国法，家有家规"，无威令不行，犯规则必惩，不必顾忌太多。

　　恩和威这两者是相互联系的，两者缺一不可。只有恩而没有威就会导致下属的放纵，反之，只有威而没有恩会导致下属对管理者仅有畏惧之意而无信赖之情。所以，恩威并济方能有效管理。

——◇ 延伸思辨：刚有余，柔更要足 ◇——

　　在实际管理工作中，一些管理者常常是"刚有余，柔不足"。所谓的"刚"是指一些刚性的规矩、原则，如有违反，无论是普通员工还是干部都应一视同仁处理。这一点大多数管理者都能够做到，但是一些管理者不善于柔性管理，使管理流于片面化。所以，管理者除了强调刚性管理之外，还应花大力气于柔性管理上，这样才能激发员工潜能，促进员工的发展、成长。

　　柔性管理要求管理者首先要热爱员工。真诚的笑容，亲切的语言，关心员工的工作和生活等，这些都是"爱员工"的表现。相信员工在管理者的爱心感召下，会更加努力地工作，更快地成长。

　　第二要赞扬员工，肯定员工的每一点改变、进步。对于优秀员工，可表扬他的善于思考、追求完美，对于中等的员工，可表扬他的踏实努力，对于后进员工，可表扬他的迎难而上、不屈不挠，等等。相信每一个员工都有闪光点，不妨对他们多给与赞扬，继而提出希望，鼓励他们进步。

　　第三要帮助员工，帮助每个员工发挥长处，取得进步。管理者通过细致观察全面了解每个员工的优缺点后，应努力为员工在工作中搭设平台，发挥长处。管理者要为员工的成功创造条件，满足他们实现自我价值的精神需求。

最后要引导员工，引导员工胸怀理想，努力奋斗。管理者要与员工进行一对一交流，努力激发、引导员工树立理想目标，转化成努力的内在动力，并在必要时给予员工一些建议和指导。

——◇◇ 当代镜鉴：恩威并施，方能管理好下属 ◇◇——

有位企业家在总结他的管理经验时说："打一巴掌给个甜枣吃。"意思是当部下犯错时必须要对部下批评或责罚，对部下施威。但是不能一味责罚，还要给予情感上的安慰、鼓励，引导他继续以高昂的激情投入工作。

我们可以把管理者发威看成是"刚"，施恩看成是"柔"。一味的"刚"或者"柔"都是不妥的，软中有硬，刚中有柔，软硬兼施，双管齐下，才能收服人心，才是管理的最高境界。

随身听是盛田昭夫所创办的索尼公司的代表性电子产品。一次，索尼公司旗下分厂因产品问题遭客户投诉，后经调查发现，随身听的问题不在于产品质量本身而在于产品的包装。分厂了解此问题后，经更换包装，妥善处理了这个问题。但盛田昭夫并没有放过这件事情。在之后的董事会上他仍当众对这位在索尼公司工作了几十年的厂长严厉批评，以此警示公司全体人员。分厂厂长感觉颜面大失，万分尴尬，准备会后提前退休，却意外收到董事长秘书的邀约，二人相约酒吧喝酒。秘书传达董事长并没有忘记分厂厂长为公司所做的贡献及董事长必须在董事会上批评分厂厂长的"无奈"，使分厂厂长的心态变得相对缓和。喝完酒后分厂厂长回到家中，他的妻子拿出一束鲜花和一封贺卡，夸赞索尼总公司对自己丈夫的重视。分厂厂长听到之后了解原委，知道盛田昭夫亲自为他订购鲜花，亲手为他书写贺卡，勉励他继续为公司竭尽全力，心中万分感动。

被誉为"经营之圣"的盛田昭夫出于对总公司利益的考虑，对属下的过错没有丝毫的包庇，但他并没有忽略下属的感受，于是又采用了这样的方式来表达自己的歉意。

白璧有瑕，再优秀的员工也会有犯错误的时候，这时候管理者就应该向盛田昭夫学习，在予以应有惩罚的同时，不忘施以"鲜花疗法"。通过施之以恩、施之以德，来感化影响下属，倘若此时员工们能明白管理者的关爱发自内心，就会对管理者产生信赖感，哪怕他们在前一刻还一心想和管理者作对或发泄愤怒。

所以，身为管理者必须深谙"打一巴掌不忘揉三揉"的道理，适时采用温馨话语鼓励属下，尤其是在训斥之后，向下属传达"爱之深、责之切"的深意。通过如此恩威并施的管理，下属必然会更加发奋努力地工作。

◎ **精彩典故：**

韩褒剿贼

西魏文帝时，韩褒被任命为北雍州刺史。北雍州境内多山，盗贼横行，当地百姓深受其苦。韩褒学识广博，为人沉稳，他一上任便微服私访，调查匪患的实情。结果令他大吃一惊的是，所谓匪患，其实都是当地的豪强。他们的势力十分庞大，互相勾结，而表面上却道貌岸然，掩人耳目。

韩褒初来乍到，顿感为难了。他召集部属说："没想到情况是这么复杂，弄不好剿匪不成，反生变乱。这些豪强不可小看，你们有何建议吗？"

有人说："此地贼患已久，不如不要深究了。否则，只怕对大人的前途造成不利的影响啊。"也有人主张严厉镇压，说："自古朝廷和贼寇势不两立，岂容贼寇坐大？只要大人决心不减，出兵征讨，朝廷就不会输给贼寇。"

韩褒听了众人的意见，最后说："我是朝廷命官，是决不能为了私利而放纵贼人的。但贼寇不可轻视，也要讲究谋略，轻易出兵未必胜。此事容我三思之后，再行定夺。"

韩褒闭门不出，苦思良策。这日，他的一位远方朋友前来探望他，韩褒对他说出了自己的忧虑。韩褒说："我想一举将贼寇剿灭，又不兴师动众、劳民伤财，可以做到吗？"

他的朋友说："你一向以君子自许，做任何事都不失去礼数。贼寇也是人，如能对他们先礼后兵，恩威并施，就不用大动干戈了。否则，如果大开杀戒，难保有冤死之鬼，这对你的名望有损啊！"

朋友的话启迪了他，于是韩褒对部属们说："贼寇势大，用强乃为下策。我想对贼人先以礼相待，给他们改过的机会，如果实在不行再动兵。"

韩褒的想法出乎所有人的意料，有人公开表示反对说："与贼讲礼，恐怕是对牛弹琴啊！讨贼是光明正大的事，为什么不能大张旗鼓地进行呢？万一有人诬指大人和贼人同流合污，大人岂不是自找麻烦？"

韩褒说服众人道："从前官吏不能灭贼，致使贼患日大，难道不值得我们反省吗？他们有的胆小怕事，放纵不理；有的只知讨伐，不加安抚。我如果对贼寇恩威并施，相信他们是不会无动于衷的，你们就拭目以待吧。"

　　韩褒将当地豪强一一找来，他假装不知他们的罪行，推心置腹地对他们说："我地贼患严重，百姓不得安生，任何一个有良心的人都不能任贼横行，何况我这个刺史呢？你们都是土生土长的本地人，更不忍看乡亲受苦受难吧？我是一个读书人，对行军打仗并不精通。所以我想把剿贼的重任交给你们，请你们协助朝廷一同为百姓除害。"

　　韩褒用盛宴招待他们，态度十分谦和诚恳；说到百姓的苦难，韩褒几次流下泪水，声音哽咽。当地豪强大为不安，也心生震撼，他们面有愧色，都不敢正视韩褒。

　　韩褒于是委任他们为剿贼的主帅，每人划分一块地盘，地盘内如有盗窃发生而没有抓获窃贼的，以故意怂恿罪论处。

　　当地豪强聚在一处，个个垂头丧气，有的说："刺史大人明知我们就是盗贼，却仍对我等礼待有加，他这是在给我们自新的机会，我们也不要不识趣了！"

　　于是，这些豪强齐向韩褒主动认罪，还交待了同伙的姓名。韩褒接着贴出告示，说："有罪之人，只要马上到州府自首，可免除其罪恶。到了本月底还未自首的，格杀勿论。"

　　四方的盗贼对韩褒又敬又怕，一时纷纷来降；韩褒恪守信义，准许他们改过自新，免除了对他们的惩罚。从此，北雍州的贼患彻底平定了。

相互尊重是
良好上下级
关系的基础

定公问：“君使臣，臣事君，如之何？”

孔子对曰：“君使臣以礼，臣事君以忠。”

——《论语·八佾》

释文：

鲁定公问孔子：“君主怎样使唤臣下，臣子怎样侍奉君主呢？”孔子回答说：“君主应该按照礼的要求去使唤臣子，臣子应该以忠来侍奉君主。”

──◇ **国学链接：鲁定公其人** ◇──

鲁定公，即姬宋，是鲁国第二十五任君主。承袭鲁昭公，在位15年。定公十年，齐鲁夹谷之会，孔子辅佐鲁定公，从齐国手中讨回了汶阳之地。鲁定公对孔子更加信任，让他当了大司寇，负责国内治安。孔子终于获得机会，开始推行他的政治主张，讲求孝道，稳定家庭，安定社会，使鲁国日益国富民强。十二年，定公命令子路毁三桓城，收其甲兵。孟氏不肯堕城，定公派兵攻打，未能成功，堕三都失败。季桓子受齐女乐，孔子离开鲁国。十五年，定公去世，儿子姬蒋即位，即鲁哀公。

◎**诸子之言：**

"君臣"关系是五种伦理关系之一。"君使臣以礼，臣事君以忠"，这是孔子君臣之礼的核心思想。在这里，孔子主要侧重于对君主的要求，强调君主应当履行自己做君主的义务，以礼来对待臣下，做到上级尊重下级，这样下级才能忠于上级。

首先是"君君"，然后才是"臣臣"。如果"君不君"，那也就"臣不臣"了。"君悖天逆民，臣有权不臣。""君不君则臣不臣。"礼在忠前，关键在君；君礼臣忠，各行其道；君臣之间，有礼有忠；上下之间，彼此尊重。只有君主对臣下以礼相待，臣下才会"将心比心"，投桃报李，事君以忠了。

关于君礼臣忠的关系，如果说孔子谈得比较抽象的话，那么孟子则谈得十分形象具体，孟子说："君之视臣如手足，则臣视君如腹心；君之视臣如犬马，则臣视君如国人；君之视臣如土芥，则臣视君如寇仇。"（《孟子·离娄下》）

　　孟子先从正面讲，君王待臣如手如足，那么臣属待君王则如腹心，内外相依，上下相随，联系紧密，浑然一体。接下来从反面讲，君王待臣如犬如马，那么臣属视君则如同路人，陌路相逢，冷眼相对，对面相逢不相识，君臣分离，背道而行。更有甚者，君王视臣如泥土如草芥，任意践踏，随意抛弃，那么臣属视君则如强盗如仇敌，拔刀相向，怒目相对，如此，则民无宁日，国无宁日，天下无宁日，灾难兵祸由此而生。

　　也就是说，孟子认为，处理君臣关系应该以相互尊重为前提，君敬臣一尺，臣才能敬君一丈；君不仁，就不能怪臣不义。

——◇ 延伸思辨：管理者的"威严"不可少 ◇——

　　现代社会虽已不再有封建君臣关系，但为人处事应遵循基本的礼仪规范。一些管理者，他们平日在单位里不苟言笑，整天板着一副严肃的脸孔，看似很有"威严"。然而，下属员工对这类管理者却敬而远之，行事都要观其颜察其色，有什么意见和建议也不敢提出，上下级之间的关系日渐疏远，沟通越来越难，单位的管理工作随之陷入被动和困境中。

　　其实，管理者的真正"威严"并不表现在脸上，而是在员工的心中。如果管理者平时与员工经常接触，与员工多谈心、交心，了解其工作、生活和家庭困难，自然员工在企业中就有了平等感、归属感和责任感，员工也就愿意向他吐露心声，他在员工中形象也就越来越高大或者说越来越有"威严"，对他的指令员工也越来越愿意服从，对企业的忠诚度会越来越高，也会心甘情愿地为企业的生产经营工作奉献自己的才智，这样管理工作也就会得心应手。

如果把员工对自己的恭敬看成领导有方，而对员工摆出一副冷酷威严的面孔，那么长此以往，下属就会产生畏惧、压抑心理，工作最多只能是被动遵从，不可能认同，更谈不上感化，团结一致、共同奋斗就成了一句空话。

因此，管理者要想树立起自己的威严，必须善于换位思考，关心尊重员工，以友善的态度亲近他们，寻找最可能影响他们态度和行为的管理方法。

——◇ 当代镜鉴：成功的管理从尊重开始 ◇——

管理并不是颐指气使，"我说你听""我指你行"。管理者与被管理者在人格上是平等的。管理者与被管理者只有职务和分工的不同，而无高低贵贱之分，都有被尊重的需求和权利。

在古代，"管"的含义之一为"钥匙"。《左传·僖公三十二年》谈到："郑人使我掌其北门之管。"这里的"管"，指的就是钥匙。众所周知，钥匙是用来开锁的。"管"的前提在于与人进行诚挚的交流沟通，敞开彼此的心扉，从而调动被管理者的热情与积极性。在此基础上，才能进行有效的管理。如果管理者不懂得尊重他人，仅视下属为被管制的对象，其管理效果必然不佳。

海尔总裁张瑞敏曾说过："经营企业的关键是经营人，经营人首先要尊重人。企业必须关心人、理解人、尊重人、爱护人，把人当作'人'而非'非人'来对待。"员工不仅具有经济人身份，需要切实的物质利益，还具有社会人身份，需要他人的尊重。所以一个好的管理者首先必须懂得充分尊重员工，只有这样才能将企业管理好。正如美国企业家玛丽·凯所说："企业成败的关键在于是否把员工视为最重要的财产，是否尊重每一位员工。如果做到这一点，就能依靠员工创造出不同凡响的业绩。"

　　然而，一些企业的管理者并不懂得尊重自己的员工，他们不理会员工的想法和意见，对待员工命令强硬，措辞不当，指挥粗鲁。一些管理者认为这样可以在员工面前树立威信，其实不然，长期的管理实践证明，受到尊重是员工最基本的需要，管理者的这些做法不仅不能树立起威信，反而会适得其反，引起员工的反感。

　　人性化管理的前提是尊重员工。只有尊重员工，重视员工，员工才会自愿为公司的荣誉和利益奋力拼搏。

　　管理者要认识到，尊重对员工来说是最有效的激励手段，尊重会让员工产生一种被认同感，使员工感受到自己的重要性，有助于企业团队精神和凝聚力的形成。

　　孟子说："爱人者人恒爱之，敬人者人恒敬之。"（《孟子·离娄下》）只有管理者尊重下属，下属才能更加尊敬管理者。管理者"爱人、敬人"才能形成强大的凝聚力，管理才能收到好的效果。所以在企业管理中，管理者要给予员工充分的尊重，学会换位思考，不强人所难，不求全责备，适时给予下属肯定和赞美，帮助和鼓励，不断增强下属对企业的归属感，以此调动下属的能动性和积极性。

◎**精彩典故：**

唐太宗尊重大臣

　　据《隋唐嘉话》记载，太宗皇帝自身就十分尊重大臣，在许多非正式场合，对名将李靖以兄长相称，对谏臣魏徵自称"世民"，其礼贤下士的行为可谓历代帝王的标杆。

太宗皇帝自己尊重臣下的同时，还告诫子女们如此力行。一次，李刚（太子的老师）因脚疾行走不便，太宗皇帝特许其坐轿进宫讲学，并诏令太子迎接。

唐太宗下令制定太子接待三师（太子太师、太子太傅、太子太保）的详细礼仪制度。其一，太子迎接三师须出殿门；其二，太子先拜三师后，三师答拜；其三，三师比太子先过大门；其四，三师比太子先就座；其五，太子给三师的信，以"惶恐"开头，再以"惶恐再拜"结尾。

虚心接受下属的意见

孔子闲居，子贡侍坐，请问为人下之道奈何。孔子曰："善哉！尔之问也。为人下，其犹土乎！"子贡未达，孔子曰："夫土者，据之得甘泉焉，树之得五谷焉，草木植焉，鸟兽鱼鳖遂焉，生则立焉，死则入焉，多功不言，赏世不绝。故曰：能为人下者，其惟土乎！"子贡曰："赐虽不敏，请事斯语。"

——《韩诗外传》

释文：

孔子闲住在家，子贡陪坐，向孔子请教谦虚待人的方法。孔子说："你问的是一个好问题，对待他人应该像土地那样！"子贡没有听明白，孔子进一步解释说："在土地上能挖掘甘泉，能播种五谷，草木生长在那里、鸟兽鱼鳖成长在那里。人生活在土地上可以成家立业，人死后还可以葬入土地。土地的贡献很多却从不言说，土地对世间万事的恩赏也从不断绝。所以说，能谦虚待人的只有土地了吧？"子贡说："我虽不够聪慧，但也会按照您说的去践行。"

——◇ 国学链接：《韩诗外传》◇——

《韩诗外传》由轶事、道德说教、伦理规范及人生忠告等内容汇编而成，书中的每一条内容都意在印证《诗经》中的某句话。《韩诗外传》的材料来源十分丰富，除《诗经》外，《荀子》《庄子》《韩非子》《吕氏春秋》《老子》《孟子》等书籍都为其提供了哲学思想和案例素材。这部书的作者是韩婴，他是西汉燕（今属河北）人。文帝时为博士，景帝时升任为常山王刘舜的太傅。武帝时，与董仲舒辩论，不为所屈。治《诗》兼治《易》，是西汉"韩诗学"的创始人。

◎诸子之言：

《论语·子路》载："定公问：'一言而丧邦，有诸？'孔子对曰：'言不可以若是其几也。人之言曰："予无乐乎为君，唯其言而莫予违也。"如其善而莫之违也，不亦善乎？如不善而莫之违也，不几乎一言而丧邦乎？'"

鲁定公问孔子："一句话导致国家衰亡的事情有吗？"孔子回答："说话不可以这样简单机械。有一句话是：'我做君主没有别的快乐，只是人们对我说的话，从不敢违背。'如果说的话是对的而没有人违背，不也很好吗？如果说的话是不对的而没有人违背，不是近于一句话就失去国家吗？"

孔子的意思是说，身为国君，不听忠言谏言就会导致国家衰亡。"一言丧邦"重在提醒领袖型人物要克服自我中心主义，切忌盲目自大，要善于听取他人意见来完善自身。

扬子《法言·重黎》载："或问：'楚败垓下，方死，曰："天也！"谅乎？'曰：'汉屈群策，群策屈群力；楚憝群策，而自屈其力。屈人者克，自屈者负。天曷故焉！"意思是说，有人问："楚王兵败垓下，将要死的时候，说道：'是上天要亡我！'这种说法有道理吗？"扬子回答说："汉王刘邦尽量发挥利用众人的智谋，博采众长、群策群力，自然赢得天下。楚王项羽刚愎自用，不能虚心听取别人的意见，只依靠自己的智谋和力量，与命运无关。"

刘邦做到了虚怀若谷，广纳建议，终于成就帝业；项羽刚愎自用，最终自毁。历史为世人验证了"海纳百川，有容乃大"的道理。

——◇ 延伸思辨：虚心纳谏才能科学决策 ◇——

通常，管理者往往又是决策者。管理者要想做到正确决策，就不能仅仅依靠个人力量，而应当依靠集体智慧。换言之，管理者在决策时要善于收集来自不同声音的意见和建议，认真思考，谨慎处理。能够做到这一点，是管理者的卓越智慧。

乐正子是孟子的学生，后去鲁国做大官，孟子很高兴。别人问他为何如此高兴，这个学生有何过人之处？孟子回答说："乐正子能力和德行都不是很突出，但是他具备善于听取他人意见的优点。如果一个人能够善于听取多方意见，别人就愿意向他提出自己的意见，久而久之，就会有越来越多的好意见向他汇集，如此一来国家就能得到有效治理。"（《孟子·告子下》）相反，如果一个人地位显赫却独断专行，不听劝告，那么就很容易使国家走上衰亡之路。

在这个故事中，孟子向管理者指出了虚心听取他人意见的重要性，为现代管理者敲响了一记警钟。正所谓"良药苦口利于病，忠言逆耳利于行"，听到不同于自己观点的声音，人们会感到不适，但只有倾听这种"刺耳"的声音，才会形成良好氛围，有助于管理者科学决策。

——◇ 当代镜鉴：从善如流是管理者必备的品质 ◇——

从善如流是管理者必备的品质。从管理者自身的角度来说，管理者因为手中握有实权，这会导致下级恭维自己，造成"信息真空"局面的出现。管理者长期接触不到全面客观的信息，在自我定位和工作实际中产生误差，从而影响工作，危及自身。

因此管理者应从做人和做事两个方面听取意见和建议。听取做事方面的意见，比较容易做到，但听取做人方面的意见，就对管理者的胸怀提出了更高的要求。管理者要认识到下属对自己提出的这方面的意见是非常宝贵的，要做到"有则改正，无则加勉"。另外，从对下属工作的影响上来说，管理者的从善如流能够大大提高下属工作的积极性，使他们为工作任务的实现而踊跃地建言献策，形成活跃的工作氛围。

◎精彩典故：

嬴政纳谏

韩国是战国七雄中实力最弱的国家，因毗邻秦国，担心实力强大的秦国会通过战争来攻打本国。韩国国君考虑到江山易主的危险，心中着实不安，故找来郑国（当时著名的水利专家），让其背负间谍使命入秦国，游说秦王兴修水利，以消耗秦国财力，转变韩国行将覆灭的命运。郑国在嬴政亲政第二年（公元前 237 年）来到秦国，向秦王进谏，游说秦王兴修水渠。当时的秦国政治稳定，打算发展壮大秦国的经济，与郑国不谋而合，于是征发百姓，修建水渠。在这条水渠上，秦国投入了大量的人力、物力、财力，水渠建成后，灌溉农田四万多顷，发挥了重要的作用。郑国修建的水渠虽然消耗了秦国大量的人力、物力、财力，但秦国的综合实力不可小觑，在修建水渠的过程中，秦国还同时征工十几万修建嬴政自己的皇陵，这些仍然没有影响到秦军的东进计划。过后韩王的阴谋被嬴政发现，嬴政打算将郑国问刑处死。朝中宗室大臣趁机向秦王进言，驱逐各诸侯国在秦谋事的大臣，以此来提高宗室贵族在秦国的政治地位，掌握秦国实权。因为自商鞅变法以来，秦国施行"客卿"政策，重用有才之士，使得秦国实力越来越强，但"客卿"政策导致宗室大臣政治地位不高，因此遭到他们的敌视。在宗室大臣进言后，秦王嬴政没有经过冷静的思考，接受了"逐客令"的请求，大肆驱逐在秦国境内的谋士，李斯便在驱逐之列。

李斯是楚国上蔡（今河南上蔡）人，年轻时做过执掌文书的小吏，因心怀抱负，便辞去官职，到齐国向荀子学习"帝王之术"。后因向秦王建议使用反间计离间东方六国，深得嬴政赏识，被拜为客卿。"逐客令"出台后秦兵押送客卿离开秦都，还不允许客卿申诉。李斯在被押解的过程中，乘隙写下劝谏书，想方设法请人将劝谏书呈送秦王。

李斯在奏章上说：从前秦穆公用了百里奚、蹇叔，当了霸主；秦孝公用了商鞅，变法图强；惠文王用了张仪，拆散了六国联盟；昭襄王有了范雎，提高了朝廷的威望。这四位君主，都是依靠客卿建立了功业。现在到大王手里，却把外来的人才都撵走，这不是帮助敌国增加实力吗？

　　秦王嬴政看到李斯的劝谏书后，意识到自己的错误，下令废除"逐客令"，并派人迅速追回李斯和其他客卿，让他们官复原职。

　　嬴政善于纳谏的品质帮助他完成了伟业，使其成为中国最杰出的英雄人物之一。

礼贤下士
选贤任能

孔子闲居，喟然而叹曰："铜鞮伯华而无死，天下其有定矣！"

子路曰："愿闻其为人也何若？"孔子曰："其幼也，敏而好学；其壮也，有勇而不屈；其老也，有道而能以下人。"子路曰："其幼也敏而好学则可，其壮也有勇而不屈则可，夫有道又谁下哉？"

孔子曰："由不知也！吾闻之：以众攻寡，而无不消也；以贵下贱，无不得也。昔者周公旦制天下之政，而下士七十人，岂无道哉？欲得士之故也。夫有道而能下于天下之士，君子乎哉！"

——刘向《说苑·尊贤》

释文：

孔子在家闲居时感叹说道："若铜鞮伯华没有去世，天下一定可以安定了！"子路说："愿意听您说说他是什么样的人。"孔子说："他小时候聪明好学；到壮年，极具勇气与骨气；到老年，有修养，谦虚对待别人。"子路说："他小时候聪明好学也好，壮年时有勇不屈也好，有修养之后又何必屈己待人呢？"孔子说："这你就不知道了！我听说，用数量较多的人攻打数量较少的人是没有不胜利的，身份尊贵的人谦恭地对待身份低下的人，那么身份尊贵者就没有不得民心的。以往周公执掌天下，能礼贤下士七十人，难道说周公没有修养吗？是周公想得到士人的帮助罢了。所以说有修养又能礼贤下士的人是真正的君子！"

──◇◇ 国学链接：周公旦其人 ◇◇──

周公旦，姓姬，名旦，西周政治家。因采邑在周，称为周公，因谥号为文，又称为周文公。出生年月不详，卒年不详，享年大约六十多岁。文王之子，排行第四，周武王之弟，亦称叔旦。武王死后，其子成王年幼，由他摄政当国。其兄弟管叔、蔡叔和霍叔等人勾结商纣子武庚和徐、奄等东方夷族反叛，史称三监之乱。他奉命出师，三年后平叛，并将国家势力扩展至东海。后建成周洛邑，称为"东都"。周公辅佐周王朝"三王"（周文王、周武王、周成王），为周王朝的建立立下汗马功劳。传说他作《周官》（即《周礼》），是礼乐制度的倡导者以及力行者；周公制礼作乐，备受孔子推崇。子曰："甚矣吾衰也！久矣吾不复梦见周公。"儒家尊其为元圣。

◎诸子之言：

西汉·司马迁《史记·鲁周公世家》记载："周公戒伯禽曰：'我文王之子，武王之弟，成王之叔父，我于天下亦不贱矣。然我一沐三捉发，一饭三吐哺，起以待士，犹恐失天下之贤人。子之鲁，慎无以国骄人。'"

周公旦自述礼贤下士的情形：洗头的时候，有客人来，宁愿多次停下洗头，也要去接待客人；吃饭的时候，有宾客来，宁愿先把嘴里的饭吐出来，也要去迎接宾客。

曹操在《短歌行》中借"周公吐哺"来表达自己求贤若渴的心情。他在诗中说："山不厌高，海不厌深。周公吐哺，天下归心。"曹操渴求人才、爱惜人才，希望以"山不厌高，海不厌深"的胸怀来迎接天下的人才，使天下的人才都能为自己所用，从而完成统一天下的伟业。

凡是杰出的管理者无不重视人才、礼贤下士。因为只有这样才能留住人才，充分发挥人才的作用。正如《宋书·江夏文献王义恭传》所说："礼贤下士，圣人垂训；骄侈矜尚，先哲所去。"

——◇◇ 延伸思辨：留住人才是关键 ◇◇——

企业的竞争是人才的竞争，留不住人才的企业管理是无效的管理。企业的快速发展导致人才需求增大，日益成熟开放的社会人才流动又造成了企业管理队伍的不稳定性，制约着企业的发展。因此作为管理者，在礼贤下士、招揽贤才之后，关键是要能够留住人才。

管理者必须做到用真情吸引人，用真诚感召人，用真挚对待人，做好这些前提后才能真正留住人才。用真情吸引人意味着对待人才要真情实意，拿出山不厌高、海不厌深的姿态来，虚怀若谷，为企业引进贤人。而不是为装点企业门面，粉饰企业外表欺骗人才。没有真情投入的招贤意味着人才的浪费。用真诚感召人意味着对待人才要真心实意，拿出周公吐哺的态度来对待引进的人才，而不是妒贤嫉能，对引进的人才缺乏真诚感与信任感。不真诚感召人相当于变相扼杀人才。用真挚对待人意味着对待人才要重情厚意，拿出容许他人犯错的态度来真心体谅引进的人才，而不是对引进的人才要求过高、求全责备。不真挚对待人是对人才的致命伤害。此外，一方面，企业需要健全人才培训机制，搭建人才培养的平台，对人才进行精细化管理，以增强人才自身素质，提高人才的业务技能，让人才的敬业精神充分激发。另一方面，企业还需要努力打造良好的文化氛围，让用才、爱才、惜才成为一种风尚，及时为人才排忧解难，及时与人才沟通交流，为人才在工作、生活和学习上做好保障。

企业的灵魂在人才，企业的进步也在人才。企业只有发掘人才、吸引人才、用好人才、留住人才，才能在严峻的竞争中脱颖而出，屹立不倒。

——◇◇ 当代镜鉴：广纳天下英才 ◇◇——

作为管理者，不需要事事精通，但需要德才兼备，成为富有影响力的治企之才。企业兴衰的决定性因素是管理者背后的智囊阶层，这就要求管理者要知人善任、善断其谋、高瞻远瞩，用自身的"大智慧"去吸纳天下英才，让天下英才进入彀中。

忆昔日楚汉相争，西楚霸王项羽英勇无敌，百战百胜，天下本已有三分之二，最后却落得"霸王别姬""乌江自刎"的悲惨下场。项羽失败的原因很多，不懂"礼"是其中最重要的原因之一。江东子弟多才俊，但就因项羽无礼，众叛亲离。大将韩信、谋士陈平最终都投奔了刘邦，若项羽礼贤下士，则民心归附，君使臣以礼，则臣事君以忠，那么天下必可得也。

与此相反，刘邦虽然才能平庸，但却善于笼络人才。刘邦礼贤下士，把萧何、韩信、张良等人集聚于自己麾下，并对他们尊重有加，使他们能效命于自己。就连刘邦自己在总结项羽失败、自己成功的经验时都说："夫运筹策帷帐之中，决胜于千里之外，吾不如子房（即张良）。镇国家，抚百姓，给馈饷，不绝粮道，吾不如萧何。连百万之军，战必胜，攻必取，吾不如韩信。此三者，皆人杰也，吾能用之，此吾所以取天下也。项羽有一范增而不能用，此其所以为我擒也。"（《史记·高祖本纪》）

这段话点出了关键所在，一个自大无礼，一个礼贤下士，胜败已定。

当今，市场环境竞争激烈，科技发展突飞猛进，人才资源对企业发展具有战略意义。对于企业来说，人才问题已经成为最严峻与最迫切的问题。企业的成功与否与企业人才战略有紧密关系。企业要想有所作为，实现阶段性超越，就要坚定不移地贯彻人才战略。

人才战略的实施，反映出企业尊重劳动、崇尚知识、爱惜人才、富有创造的良好氛围。企业良好氛围的形成对人才的吸引、招揽、培养、留用等方面具有重要意义。良好的企业氛围必将有利于促进用人机制、评价机制、遴选机制、升迁机制、激励机制的建设。

用人的最高境界就是拥有博大的胸怀，广纳天下英才，为我所用。现今社会竞争激烈，如硝烟弥漫的战场一般，一个企业成败的关键就在于其领导者是否具有一双慧眼、一颗诚心及求才若渴、礼贤下士的精神。

企业家用人，首先要有"海纳百川"的容才之量。企业家有容纳人才的心胸，才能吸引人才，任用人才，否则，人才就会离他而去。古今中外的历史经验告诉我们，不能合理任用人才，任何事业要想取得成功和长足的发展是绝对办不到的。

◎**精彩典故:**

刘备三顾茅庐

诸葛亮（181—234 年），字孔明，年轻时躬耕于隆中，苦读经书，钻研兵法，有经天纬地之才，自比管仲、乐毅，识者称其为"卧龙"，是世间不可多得的将才与谋士。刘备闻之，跋山涉水，亲自邀请。刘备第一次去邀请诸葛亮，因诸葛亮外出有事不在家中，只好与关羽、张飞扫兴而归。当刘备听闻诸葛亮外出回到隆中时，便决定二请诸葛亮。但这却引发张飞不悦，认为诸葛亮乃一介布衣，不值得一请再请。刘备却认为诸葛亮乃当代大贤，亲自赴请，更显诚意。说服张飞，叫上关羽，三人在寒冬腊月奔赴隆中。天气酷寒，张飞抱怨，刘备劝说，三人抵达隆中，仍未见诸葛亮。刘备便修书一封，托人转交诸葛亮，传达择日再访之心。翌年春天，刘备决定第三次邀请诸葛亮，遭关羽、张飞二人劝阻。关羽认为诸葛亮徒有虚名，不敢与刘备相见。张飞认为刘备已仁至义尽，打算将诸葛亮绑到刘备面前。刘备没有认同二人观点，而是骑马亲赴隆中。适遇诸葛亮午睡，便在门外静候，等诸葛亮醒后相见。既见诸葛亮，刘备道兴复汉室之愿望，求贤若渴之心情。刘备盛情诚恳之心令诸葛亮深受感动，诸葛亮答应刘备的邀请，离开隆中担任军师。诸葛亮一生为蜀汉鞠躬尽瘁，死而后已，成为忠臣良相的典范。

《左传·文公十八年》："先君周公制《周礼》曰：'则以观德，德以处事，事以度功，功以食民。'"用通俗的话来说，这句话阐述了这样一种观点：周公制礼的目的是为了以礼仪来观察德行，以德行来处置事情，以事情来衡量功劳，以功劳来取食于民。也就是说，有了礼的约束人们就有了行事的标准，礼越趋近于善德，这个行事标准才越中正，也越容易在人群中树立威信，然后进一步建功立业。

踏实做事
不贪一时之功

子夏为莒父宰，问政。子曰："无欲速，无见小利。
欲速则不达，见小利则大事不成。"
——《论语·子路》

释文：
子夏担任莒父县县长，向孔子请教为政之道。孔子答复："不要贪图速度，不要贪图小利。追求速度反而达不到目的，贪图小利就办不成大事。"

——◇◈ 国学链接：西周的官制 ◈◇——

西周时期，宗法制度和嫡长子继承制渗透到社会的各个层级，建立起森严秩序。在官制上，分为"卿士—诸侯—卿大夫"三等。卿士辅佐天子执政，诸侯世守其国，卿大夫辅佐诸侯治国并从诸侯处领受世袭采邑。

◎诸子之言：

孔子教导弟子"欲速则不达"：一味主观地贪图速度，会违背客观规律，从而导致事与愿违。相反，一个人要摆脱求急求快的速成心理，脚踏实地，扎扎实实地走好每一步，才能实现所愿、达成目的。《汉书·李寻传》曰："治国故不可以戚戚，欲速则不达。"董仲舒《春秋繁露·对胶西王越大夫不得为仁》强调："仁人者，正其道不谋其利，修其理不急其功。"宋代司马光在《与王乐道书》中也说："夫欲速则不达，半岁之病岂一朝可愈。"急于求成、恨不能一日千里，结果只能是事与愿违。

朱熹以十六字真言对"欲速则不达"作了一番精彩的诠释："宁详毋略，宁近毋远，宁下毋高，宁拙毋巧。"意在告诫人们，凡事都要讲究循序渐进，有了量变才会有质变，万不可焦躁，急于求成。

——◇◈ 延伸思辨：稳中求胜 ◈◇——

梁山一百单八将中最有智谋的是吴用，武功好的更是数不胜数，然而众英雄却以宋江为首。蜀国谋赖孔明，勇让关张，却以刘备为王。其原因何在呢？宋江为人沉稳，刘备做事敦厚。正是由此，他们才能脱颖而出，施展才能，从而受到他人的赏识和信赖。由此可见，为人沉稳，方可稳中求胜。

为人沉稳的人大多是有远大抱负的人。班超为了实现报国的抱负，投笔从戎，在匈奴一战中保持从容不迫、沉稳冷静，最终弘扬国威。林则徐为了实现禁烟的目标，铁心铁意，在与洋人交涉中保持不卑不亢、张弛有度，最终虎门销烟。一个人有了远大抱负与志向，视野会更加宽广，眼光会更加长远，心胸自然会沉稳下来。所以俗语有言"非有志者不能稳也"，这是有一定的道理的。另外，如果一个人永远生活在温室的保护之中，没有经历挫折与磨难的风吹雨打，也是难以拥有沉稳的性格的。

因为，习惯于安逸的人一遇困境，必然会心浮气躁，这样怎能成就大事呢？周文王在囚禁中推演《周易》，孔子在困窘中撰写《春秋》，左丘明在失明中著写《国语》，孙膑截去膝盖骨后修列《兵法》。圣贤们都是在挫折与磨难中才练就沉稳的性格而取得巨大成就，名垂青史。相反，始皇建秦以来，不但不居安思危，反而身陷声色犬马之中，终日心浮气躁，结果导致王朝短命，为天下所耻笑。

沉稳的性格能够为我们打好根基，消除许多不必要的风险，是成功者的必备素质。当然，沉稳并不意味着不求进取，一成不变。只有稳中求变、稳中求胜才能成功。

——◇◇ 当代镜鉴：急功近利，事与愿违 ◇◇——

有一个小孩想了解蛹是怎样破茧成蝶的。一次，他将偶然在草丛中发现的一只蛹取了回家观察。不久，蛹上裂开了一条缝，蝴蝶在其中挣扎想飞出破蛹壳。在经历了长达数小时的辛苦挣扎后，蝴蝶仍未能破茧飞出。小孩于心不忍，便好心拿起剪刀剪开蛹，帮助蝴蝶破蛹而出。然而令他预想不到的是，由于外力的帮助，蝴蝶未能在破茧的艰辛历程中练就有力翅膀，根本无法起飞，最终痛苦地死去。破茧成蝶的过程，也许是痛苦艰辛的经历，但是正因为这一磨炼，方能使蝴蝶翩翩起舞。外力的帮助，违背了蝴蝶的生存规律与自然过程，让善意变成了伤害，蝴蝶最终悲惨死去。这一微小的自然现象，虽然微小但却意义深远，更是反映出人生哲理。

俗话说："欲速则不达。"不管做什么事情，都不能急功近利。急功近利就是急切地追求短期效应而不顾长远影响。凡成大事者，都力戒"浮躁"。唯有踏实、专心才是实现目标的最佳途径。所以，做事时应该从实际出发，不要单纯图快，要一步一个脚印，踏实地走出每一步。

踏实地做事并不等于原地踏步、停滞不前。它需要的是有韧性而不失目标，时刻在前进。"踏实"不是不要思考，也不是将问题甩给别人去思考，而是可以适当将脚步放慢下来，周密地考虑问题，甚至不惜花费时间耐心等待，为的是能在机会出现时，一举成功。

◎**精彩典故：**

揠苗助长

宋国有一个急性子农夫，起早睡晚，辛勤劳动，种了一田地的禾苗。他盼望着禾苗赶紧成长，每天都跑到田地去量禾苗的高度，看看禾苗有没有长高。但是，就这么过了四五天，他感觉田地里的禾苗似乎一点也没有长高，便着急了起来。一晚上躺在床上焦虑得睡不着觉，不停地思考着究竟怎样才能帮助禾苗长高。

终于，他想到了一个办法，心里美滋滋，便安心地睡着了。

第二天，他急忙起床跑到田地里，将他的想法付诸实践：他头顶着烈日，将禾苗一棵一棵地往上拔高。从早晨拔到中午，又从中午干到太阳快下山，他终于将田地里的禾苗全部拔了一遍，忙得汗流浃背、精疲力尽，累得腰酸腿疼、疲惫不堪。但他心里却十分开心，认为这一办法肯定能帮助禾苗更快长高。他拖着疲惫的身躯，摇摇晃晃但却高高兴兴地回到家中，连汗水都来不及擦干，就兴高采烈地向家人宣告："我帮禾苗长高了！"他的儿子听了他的话之后，一头雾水，稀里糊涂，连忙跑到田地里看看究竟是怎么回事。结果，映入眼帘的是枯萎了一地的禾苗。

后来，后人根据这一故事，便引申出"揠苗助长"这一成语，比喻违背事物发展的本来规律，仅凭自己主观愿望做事，急于求成，最后必定事与愿违，搞砸事情。

凡事有度
留有余地

君子中庸，小人反中庸。君子之中庸也，君子而时中；
小人之反中庸也，小人而无忌惮也。
——《礼记·中庸》

释文：

君子遵循中庸，其一言一行都合乎中庸之道；而小人违背中庸，其所作所为皆背离中庸之道。君子遵循中庸之道，是因为君子能顺常理处事，处事恰到好处，无过与不及；而小人背离中庸之道，是因为小人不懂此理，心中无所约束，因而肆无忌惮，无所不为。

———◇◇ 国学链接：《中庸》的历史地位 ◇◇———

《中庸》的作者相传为孔子后裔子思，原为《小戴礼记》其中一篇。《中庸》是中国古代道德哲学思想的重要著述与典型代表。宋朝时期，《中庸》被当时学人重视并提到突出地位，当时光是探讨中庸的文章就不下百篇。最早探讨《中庸》的学人是释智圆，并非是儒家学者。释智圆之后，司马光便是宋代儒家学者中较早开始探讨与研究《中庸》的一人。其后，北宋程颢、程颐大力在社会中推崇《中庸》。南宋朱熹又著《中庸章句》，并把《中庸》和《大学》《论语》《孟子》并列称为"四书"。宋、元以后，《中庸》便被指定为学校的教科书和科举考试的必读书目。可以说，《中庸》对古代教育产生了深远的影响。

◎诸子之言：

《论语·先进》中记载了子贡和孔子的一段对话："子贡问：'师与商也孰贤？'子曰：'师也过，商也不及。'曰：'然则师愈与？'子曰：'过犹不及。'"

子贡问孔子："子张和子夏二人谁更好一些呢？"孔子回答说："子张过分，子夏不足。"子贡说："那么是子张好一些吗？"孔子说："过分和不足是一样的。"

"过犹不及"体现了孔子的中庸思想。《中庸》记载孔子说："道之不行也，我知之矣。知者过之，愚者不及也。道之不明也，我知之矣。贤者过之，不肖者不及也。""执其两端，用其中于民，其斯以为舜乎？"这是说，舜于两端取其中，既非过，也非不及，以中道教化百姓，所以为大圣。既然子张做得过分、子夏做得不足，那么两人都不好，所以孔子对此二人的评价就是："过犹不及。"

过犹不及就是中庸之道最好的注解和最核心的思想，朱熹把"中庸"界定为"无过无不及"，就是指做事既没有过度，也没有不足。其实，中庸思想的全部要义，都可以用过犹不及四个字来概括。

《论语·子路》中也记录了孔子类似的思想："不得中行而与之，必也狂狷乎！狂者进取，狷者有所不为也。"意思是说："我找不到奉行中庸之道的人和他交往，只能与狂者、狷者相交往了。狂者敢作敢为，狷者对有些事是不肯干的。"

"狂"与"狷"是两种对立的品质。一是流于冒进，胆大妄为；一是缩手缩脚，不敢作为。孔子认为，中行就是不偏于狂，也不偏于狷。人的气质、作风、德行都不偏于任何一个方面，对立的双方应互相牵制，互相补充，这才符合中庸的思想。

宋代洪迈的《容斋随笔》里是这样谈论"万事不可过"的："天下万事不可过，岂特此也？虽造化阴阳亦然。雨泽所以膏润四海，然过则为霖淫；阳舒所以发育万物，然过则为燠亢。赏以劝善，过则为僭；刑以惩恶，过则为滥。仁之过，则为兼爱无父；义之过，则为为我无君。执礼之过，反邻于谄；尚信之过，至于证父。是皆偏而不举之弊，所谓过犹不及者。"这段话告诉人们：雨露滋润，阳光温暖，赏善惩恶，仁义礼信，都是好事。但一切好事过了头，皆可变成坏事。可见，世间万物都不能超越"过犹不及"这一道理，人们的处事方法更是如此。

——◇◇ 延伸思辨：贪心不足蛇吞象 ◇◇——

老子认为，人是自然界的产物。因此，要顺其自然地"甘其食，美其服，安其居，乐其俗"。对于人的自然欲求，他不赞同去欲、无欲、绝欲。但是，对于人为欲望，如财物名利之欲，他则认为要减少到最低程度。唯有祛除了私欲和贪心，人方能达到身心安宁的境界。"名与身，孰亲？身与货，孰多？得与亡，孰病？甚爱必大费；多藏必厚亡。知足不辱，知止不殆，可以长久。"意思是说，名誉与生命，何者更重要？生命与财富，何者更珍贵？得到与失去，何者更有害？过分吝啬，必定会付出更大的耗费；聚财过多，却不济众，必定会引发众怨，终会导致更惨重的后患和损失。 俗语说，贪心不足蛇吞象。知道适可而止才不会受到屈辱，才不会遇到更大的损失。这也是一种保全自己的智慧。

在这个基础上，老子鲜明地论述了人与财物名利的辩证关系："罪莫大于可欲，祸莫大于不知足，咎莫憯于欲得。故知足之足，恒足矣。"即是说，罪恶没有比贪得无厌更大，祸患没有比不知道满足更大，灾殃没有比掠夺侵略更惨。

历史的长河中，有多少人贪得无厌，毫不洁身自好，进而栽进了罪恶的泥潭，真可谓是贪夫徇财啊。所以，一个人必须戒掉贪心，懂得知足常乐。

——◇◇ 当代镜鉴：凡事有度，说话做事留有余地 ◇◇——

从前，有一个愚者到友人家去做客，主人以佳肴招待。愚者品尝后，感觉饭菜淡而无味，无法下咽。见此，主人便招来下人，命其往饭菜中加入一点点盐调味。愚者一吃，顿觉饭菜好吃了许多。愚者十分高兴，心中想道："少许盐就可以让原本那么难吃的饭菜变得那么美味，如果再多放些盐，饭菜不是会更加好吃吗？"他赶忙向主人要来整罐的盐，全部加入饭菜中。这一次，愚者再吃，饭菜味道不言可知。

盐放得少了还可以再加，如果放得多了，却不能再减少。所以，放盐的时候要留有余地，否则，美味就会变得难以下咽。

清代李密庵有一首著名的《半半歌》，生动地描述了凡事多留余地、不能太过完满的思想境界：

看破浮生过半，半之受用无边。

半中岁月尽幽闲，半里乾坤宽展。

半郭半乡村舍，半山半水田园。

半耕半读半经廛，半士半民姻眷。

半雅半粗器具，半华半实庭轩。

衾裳半素半轻鲜，肴馔半丰半俭。

童仆半能半拙，妻儿半朴半贤。

心情半佛半神仙，姓字半藏半显。

一半还之天地，让将一半人间。

半思后代与沧田，半想阎罗怎见。

饮酒半酣正好，花开半时偏妍。

帆张半扇免翻颠，马放半缰稳便。

半少却饶滋味，半多反厌纠缠。

百年苦乐半相参，会占便宜只半。

"半"的妙处在于做事时一定要为以后留些余地，否则就很容易前功尽弃，使自己蒙受损失。俗话说："凡事留一线，日后好见面。""留"是一门艺术，一种境界，一种气度。做人不要做绝，说话不要说尽，待人处世，需要留有余地，方能进退自如。

世事如浮云，瞬息万变。往往是"无平不陂，无往不复"（《周易·泰卦》），任何人都不可能一生总是处在春风得意之中，正所谓"三十年河东，三十年河西""人无千日好，花无百日红"，命运弄人，总是让人起起伏伏。既然如此，做人做事就应处处讲究恰当的分寸，为自己留条后路，免得日后无路可走。

◎ **精彩典故：**

朱元璋杀功臣

明太祖朱元璋在立了朱标为太子后，很担心儒雅仁柔的朱标管不了手下的大臣，难以担负起治理国家的重任，于是便想在朱标继位之前把一些位高权重、有可能威胁到他江山的大臣都"处理掉"。于是朱元璋大开杀戒，诛杀开国有功之臣。然而，朱标并不领情，这让朱元璋非常苦恼。

朱元璋为了给他讲明道理，就准备了一个满带荆棘的木杖，扔到地上，叫朱标去拿起。朱标显得为难，朱元璋借机教训道："你拿不了吧？等我把刺儿先替你修剪干净，你就能拿了。皇位也是如此，我现在之所以杀掉一些重臣，就是想传给你一个稳稳当当的江山。"

结果没想到，太子朱标早死，等朱元璋的长孙朱允炆继位后，满朝的能人都已被斩尽杀绝，实在找不出"带荆棘"的人来对付燕王朱棣的"靖难之师"了。

朱元璋无论如何也想不到自己机关算尽却做过了头，因而没能真正如愿以偿，这足以留给我们"万事不可过"的教训。

刚柔相济
方圆处世

人之生也柔弱，其死也坚强。草木之生也柔脆，其死也枯槁。
故坚强者死之徒，柔弱者生之徒。是以兵强则灭，木强则折。
强大处下，柔弱处上。

——《老子》

释文：

　　人活着时身体是柔软的，而死后身体却是僵硬的。草木生长时枝叶是柔软脆弱的，而死后枝叶却是干硬枯萎的。因此，坚硬的东西往往是死亡的一类，柔软的东西往往是生长的一类。所以用兵逞强就会走向灭亡，树木强大就会被砍伐。坚强的会处于劣势，柔弱的反而会处于优势。

──◇◇ **国学链接：《老子》的辩证法思想** ◇◇──

《老子》一书中贯穿着大量朴素辩证法的观点与思想。譬如，该书中谈到一切事物都具有正反两面性，"反者道之动"，同时又在对立中互相转化，"正复为奇，善复为妖"，"祸兮福之所倚，福兮祸之所伏"。又以为世间事物均为"有"与"无"之统一，"有、无相生"，而"无"为基础，"天下万物生于有，有生于无"。

◎ **诸子之言：**

老子说："上善若水，水善利万物而不争""江海所以能为百谷王者，以其善下之，故能为百谷王""天下莫柔弱于水，而攻坚强者莫之能胜"。世界上最柔的东西莫过于水，然而它却能穿透最为坚硬的东西，没有什么能超过它，例如滴水穿石，这就是"柔德"所在。所以说弱能胜强，柔可克刚。

诸葛亮《将苑·将刚》："善将者，其刚不可折，其柔不可卷，故以弱制强，以柔制刚。纯柔纯弱，其势必削；纯刚纯强，其势必亡；不柔不刚，合道之常。"大意是：一个好的统帅，他应当具有在刚强时不可摧折的、在柔软时不可屈服的品质。只有这样，他才能以弱制强，以柔克刚。假如只有柔软，战斗力就会被削弱；假如只有刚强，战斗力也会受到损耗。当刚时刚，当柔时柔，才是为将之道。

据《后汉书·黄琼传》记载，东汉名臣李固曾劝说性格急躁的黄琼说："峣峣者易缺，皦皦者易污。"说的也是这个道理，为人处世太刚强了容易受挫。

"刚柔互用"堪称中国古代传统思想之精华，历代杰出人士无不深谙此道。

——◇ 延伸思辨：化解千钧之力的刚柔论 ◇——

有关刚与柔的论述，早就出现在《周易》一书中。刚与柔，是一对既对立又统一的矛盾体。即是说，刚与柔虽然仿佛有着泾渭分明的界限，但在一定条件下是可以互相转化的。正如阴阳学中所阐释的，无极生太极，太极分阴阳。阴即是柔，阳即是刚，刚柔并济，方能实现矛盾的和谐与统一。刚与柔无处不在，日常生活中更是充满着刚与柔的辩证智慧。譬如，人们在经历长时间的工作与学习后，身心往往疲惫不堪，达到了阳（刚）性 的顶点。这个时候，就需要人们停下来，休息放松（柔），提振精神，养精蓄锐，从而调整到更好的状态继续开启工作与学习新阶段。这充分体现了阴阳平衡、刚柔并济的哲学智慧。

太极拳的养生与健身之道亦遵循了万物阴阳平衡的哲理：在静中求动，以达到静中有动。虽然人的身体处于相对静止的表象，但是整体却呈现出外静内动的状态。此时，身体中的细胞和血管便会一张（阳）一闭（阴），调动体内气息的收缩和扩张。人体就如收音机天线，发挥其谐振效应，让身体与外界相互影响与感应，以达到"天人合一，物我同在"的状态。

纵观人的一生，也是在紧张、松弛，再紧张、再松弛的循环往复、不断上升中实现进步与提升。就如太极拳一样，一弛一张，充分彰显了人生之旅的阴与阳、柔与刚。

就个人而言，也需要形成刚柔相济的性格和作风。虽然有时候由于能力、地位的限制，在处事待人中难免需要克制自己、让人几分，但这并不代表一个人没有刚性。相反，如果一个人一味刚强，甚至到处咄咄逼人，势必会伤害身边的人。这样的话，周围的人必定会慢慢疏远他，敬而远之，他也便成了孤家寡人。

──◇◇ 当代镜鉴：刚柔相济，方圆无碍 ◇◇──

方与圆、刚与柔这两组概念在其含义上具有内在一致性。圆即代表了和谐、变通、灵活，是柔软的体现；方即代表了个性、稳定、原则，是刚强的体现。刚而能柔，是因为刚的智慧；柔而能刚，是因为柔的智慧；强而能弱，是因为强的智慧；弱而能强，是因为弱的智慧。在面对江山社稷，处理国家大事时，有人能以刚取胜，有人能以强取胜；有人能以柔取胜，有人能以弱取胜。刚柔相济，大可以用来治理国家天下，小可以用来处世持身。

同样，对于现代社会里的每个人来说，也必须要练就出像芦苇般刚柔相济的功夫。

在为人处世中，假如能刚柔并济，将方与圆的智慧与办法有机结合，做到当方即方，当柔即柔，把握方与圆的界限与程度，那么就能掌握方圆无碍的思想精髓了。

◎精彩典故：

孔子问道于老子

传说老子的学问很渊博，是孔子最尊敬的一个人。有一天，孔子带着十多名学生去拜访老子。他们在一个小院前停住了脚步，孔子轻轻地敲了敲院门。开门的是一个充满灵气的书童，他向孔子作了个揖，小声地说："先生，请进。"

孔子微微点头，小心地跨进门槛。他的学生有秩序地跟在老师后面。

他们随书童进到书房，书房里，老子正闭门静思。孔子示意学生们不要发出声响。

过了好一会儿，老子慢慢睁开了双眼。孔子连忙恭敬地向老子行了一个礼，说："晚生孔丘，欲听老师教诲。"

老子说："有什么问题请说吧。"

于是，孔子对老子讲了这样一件事：一天下午，孔子的学生外出，经过一座山，看到被山水冲过的石崖壁浑圆光滑，都很奇怪。柔软的水，怎么会把坚利的岩石磨滑。学生们就问孔子，孔子回答不出来。

孔子把这一问题提出来向老子讨教，老子听完孔子的叙说，什么也没说，只是张开口，用舌头舐了舐牙床，然后坐着不动，也不说话。

孔子于是退出室外，弟子子路认为先生从来没有受过这种侮辱，愤愤不平地说："这老头真是无礼的家伙，先生那么尊重他，向他请教，他凭什么在那儿一言不发呢！"

孔子责备了子路，对弟子们说："他已经把做人的道理教给了我，他用舌头舐牙床，也就是暗示：牙是坚硬的，可他的牙已经没有了；舌头是软的，可他的舌头还可以自由自在地活动。这就告诉我们，人生在世要懂得刚柔相济，以柔克刚。"

经孔子这么一指点，学生们才恍然大悟。

忍辱负重
以屈求伸

子曰："巧言乱德。小不忍则乱大谋。"

——《论语·卫灵公》

释文：

孔子说："花言巧语足以败坏道德。小事情不忍耐，便会败坏大事情。"

——◇ 国学链接：《论语集注》◇——

　　《论语集注》，是《四书章句集注》的一部分。其作者朱熹经历 40 多年的用心"理会"并"逐字称等"，方写成这一经典之作。有学者指出，该书注释有三大特点：一是以程氏之学为主，兼采时人之说；二是承袭、增损改易汉唐古注；三是通经以求理。《论语集注》既承袭经文本义的研究，又注重经文义理的阐发。该书将训诂学与义理学融为一体，在解释经义的基础之上阐发义理，使二者融会贯通，深入浅出。故而，该书便成为《论语》学史上最具代表性与影响力的一部著作。

◎诸子之言：

　　南怀瑾先生说，孔子的这两句话主要是说个人的修养。巧言，也可以说包括了吹牛，喜欢说大话，乱恭维，说空话。巧言当然是很好听的，每个人都能听得进去，听的人中了毒、上了圈套还不知道，这种巧言是最会搅乱正规的道德的。"小不忍则乱大谋"的意思是说人要懂得忍耐，凡事要多一份忍耐与包容，假使连一点小事都难以容忍而随意发脾气，必然会招致失败。而很多大事的失败，往往都是由于小事没有做好而导致的。

　　朱熹在《论语集注》中解释道："小不忍"为"匹夫之勇"，《朱子语类》中有进一步的阐释："匹夫之勇，不能忍于忿，皆能乱大谋。"以此告诫后人，凡事要忍耐、包容一点，如果连小事都忍不了，动不动发脾气，必然会坏了大事。从这个角度而言，忍耐是为了求安。遇事不妨想得开一点，看得远一点，正如俗语所言："忍得一时之气，免得百日之忧。"为人处世要能够忍气吞声，学会忍辱负重。忍耐，是中国人坚定意志的显露，是中国人成熟稳重的涵养，更是中国人以屈求伸的智慧。汉代史学家司马迁说："文王拘而演《周易》；仲尼厄而作《春秋》；屈原放逐，乃赋《离骚》；左丘失明，厥有《国语》；孙子膑脚，兵法修列；不韦迁蜀，世传《吕览》；韩非囚秦，作《说难》《孤愤》；《诗》三百篇，大抵圣贤发愤之所为作也。"司马迁自己也是受宫刑而后著《史记》。

◇◇ 延伸思辨：忍无可忍，无需再忍 ◇◇

忍耐也要有一个限度，过分的忍无疑就成了无原则的纵容，是与中庸精神相悖的。对于真正破坏社会秩序、违反道德的行为是不应该忍的，孔子说："乡德之贼也。"反对没有是非的好好先生。

忍耐并不是一味退让，否则会变成自取其辱。做人、做事，必须要有一个坚守的原则和底线。对于忍耐，亦应有原则和底线。忍耐，诚然是包容心的一个表现，但我们绝不能一味忍耐，要做到当忍则忍，不当忍则无需再忍。

◇◇ 当代镜鉴："忍"字当头，等待时机 ◇◇

能忍则忍，是成大事的关键。这里所说的忍，不是性格软弱、忍气吞声，而是一种等待，一种为图大业而积蓄力量、等待时机的谋略，一种为人处世的智慧。

在漫长的等待中，越王勾践忍辱负重，发愤图强，最终雪耻灭吴；史铁生感悟母爱，领悟人生，造就一座文学高峰；爱因斯坦坚持不懈，探求真理，终于提出相对论这一伟大理论。多少名人志士，在忍耐中经受等待的寂寞，而又在这等待中创造机会，追求领悟，最终取得伟大成就，登上人生高峰。等待不是懈怠，而是对过往的沉思与总结；等待不是放弃，而是对美好希望的渴求与坚持；等待更不是停滞，而是调整自我的休息与安歇。这一过程，意志经受着考验，但这也是成功的必经之路！

只有经历漫长黑夜，初升的太阳方能绽放绚丽的光芒；只有经历漫长冬季，稚嫩的新芽方能拥有春天的翠绿；只有经历漫长等待，做好准备的人方能在生活的浪涌中驶向成功。

尽管等待的过程，我们会寂寞，会压抑，会痛苦，但却能让我们学会平静，主动思考，超越自我。

◎**精彩典故**：

孙膑忍辱

孙膑与庞涓同拜隐居深山的鬼谷子先生为师，学习兵法。后来，庞涓先下山，在魏国做了将军。他派人邀请孙膑来共同辅佐魏王。孙膑到来之后，他先是假意欢迎，委以官职，而背后却玩弄阴谋，捏造罪名，对孙膑施刑，让孙膑成了不能走的废人。

对庞涓所做的一切，孙膑决心要报仇雪恨。为了避免庞涓进一步加害，他甚至装疯卖傻，以粪便为食，与牲畜为伴。

后来，孙膑到了齐国，受到了齐威王的赏识，被任命为齐国的军师。

公元前354年，魏国派庞涓率军围攻赵国。孙膑提出"围魏救赵"的作战方针，大破魏军。庞涓仓皇而逃。之后，魏王又派庞涓率兵攻打韩国。齐王以孙膑为军师，出兵攻魏救韩。孙膑冷静分析了敌我双方的情况，提出退兵减灶的作战方针，诱敌深入。庞涓果然中了埋伏，败局已定，自己也身负重伤，只好拔剑自刎。而齐军大获全胜，孙膑从此名扬天下，奠定了他在历史上的地位。

孙膑深知只有忍辱负重，才能等待时机的到来，报仇雪恨。

君子无所争　懂得礼让

子曰："君子无所争，必也射乎！揖让而升，下而饮，其争也君子。"

——《论语·八佾》

释文：

孔子说："君子没有什么可与别人争的事情。如果有的话，那就是射箭比赛了。比赛时，先相互作揖谦让，然后上场。射完后，又相互作揖再退下来，然后登堂喝酒。这就是君子之争。"

──◇◇ 国学链接：何谓"射" ◇◇──

"射"，乃中国古代六艺之一。中国古代儒家要求学生"通五经贯六艺"。礼、乐、射、御、书、数这"六艺"，是古代学生必须掌握的六种基本才能。古代的"射艺"，包括射箭和弹弓两个主要运动，春秋时期还发明了弩。由于射箭在军事和狩猎中起着重要作用，最为人所重视。唐朝时期，武则天设立武举制，并规定了九项选拔和考核人才的标准，其中包含长垛、马射、步射、平射与筒射五项射箭运动。

◎诸子之言：

孔子认为君子是无所争的，一切应该讲礼让。《论语·里仁》曰："能以礼让为国乎？何有？不能以礼让为国，如礼何？"孔子说："你们号称能以礼和让的原则治理国家，但我怎么没有见到呢？缺少了谦让的实质，就是不能以礼让治国，难道你们把礼当成摆设了吗？"对礼来说，让是根本、主导、实质，礼是外，让是内，内重于外。

孔子轻易不赞许称道别人是"仁人"，但他对尧舜和伯夷、叔齐却从不吝于赞美之词，这是因为他们都是以谦让而著称的。

《左传》中说："让，礼之主也。"（《襄公十三年》）"卑让，礼之宗也。"（《昭公二年》）可见，谦让是古代礼仪修养的根本。有了谦让的精神，就能够对自己严格约束，对别人"德让事咨"（《国语·周语下》），成为"动则思礼，行则思义"（《左传·昭公三十一年》）的君子。

《菜根谭》中说："路径窄处，留一步与人行；滋味浓时，减三分让人尝。

此是涉世一极安乐法。"这句话的意思是说，在道路狭窄之处，应该停下来让别人先行一步，有好吃的东西不要自己独享，要拿出一部分与别人分享。如此，你的人生就会快乐安详。

—◇◇ **延伸思辨：原则面前不能退让** ◇◇—

孔子强调的是君子不在小事情上与人争执，而不是不分轻重，不分情况，一概做"好好先生"。也就是说，让步并非没有原则地妥协。东郭先生对狼的让步就是不可取的。

让步，在合理的范围之内是宽容，是新生；超过了界限，就是迁就，是危险。让步，能给予人思考的时间和改进的机会，是为了更好地协作和团结他人。该让步时，坚持是愚蠢的；该坚持时，让步是愚蠢的。所以，让步不等于退步，更不等于放弃原则。

—◇◇ **当代镜鉴：礼让为先** ◇◇—

中华民族素以谦虚礼让著称，礼让是我们的传统美德，是每一个中国人都应该具备的最朴素的礼节之一，它是一种豁达大度的体现，也是一个人的思想道德水平、文化修养、交际能力的外在表现。所以，我们要想在这个社会中生存下去，首先就要学会礼让。

在我们工作和生活中，常常要向领导让步，向同事让步，向父母让步，向孩子让步，向自己所爱的人让步，向对手让步……做出了让步，并不代表我们是失败者。相反，我们可以从让步中赢得和平，赢得关系的密切，感情的融洽，这比争一时之气，逞一时之快更好。

让步既是一种境界，同时也是一种智慧。德国诗人歌德到公园散步，在一条狭窄的小路上，与一位反对他的批评家相遇。那位批评家傲慢无礼地说："知道吗，我从来不给傻瓜让路。"歌德笑道："而我正好相反。"说完，他闪到大路一旁，让批评家先过去。你看，到底谁是傻瓜呢？

自作聪明的人，往往会被聪明所误。常言说，冤家路窄。在人生的路途上，我们难免与冤家狭路相逢。若两个人都是傻瓜，彼此逞强，互不让步，结果两败俱伤，谁也占不到便宜。所以，从一定程度上来讲，礼让是一种双赢。

另外，礼让是人与人交往的缓冲带和润滑剂，它可以缓解紧张的关系，减少许多不必要的冲突。对他人恭敬一分、谦让一尺，就会赢得一声赞许、一份真情。所以，一个宽松的人际关系、一个祥和文明的环境需要每个人都学会礼让。礼让对于每个人来说只是举手之劳，于己、于人、于社会有百利而无一害，我们又何乐而不为呢？

总之，处世让一步为高，待人宽一分是福。懂得礼让是做人的基本要求。如果每个人都能够做到多一分礼让的话，我们的生活就多一分尊重、少一分争执，多一分包容、少一分怨恨，多一分和谐、少一分干戈。

◎**精彩典故**：

泰伯三让王位

泰伯原姓姬（与周王朝同姓），他的后人以国为姓，改姓"吴"，故今吴氏后人以泰伯为始祖。

泰伯之父古公亶父，是周国的国君（后被尊为太王），泰伯是其长子，仲雍是其次子，季历是其三子。

泰伯刻苦好学，为人宽厚，孝顺父母，与手足和睦友爱。但古公亶父却认为泰伯不适合继承王业，他曾说："我世当有兴者，其在昌乎！"他更看重三子季历的儿子姬昌，将开拓王业的希望寄托于三子季历一系。泰伯是个敬重长辈的孝子，也是个乐于谦让的贤者。为了遵从父辈意愿，避免兄弟相争，他主动禅让本属于长子的王位继承给三弟。其后，趁着父亲生病之时，佯称往衡山采药，与其二弟一同离开故国。这就是"泰伯三让天下"中之一让。

周太王去世后，泰伯与仲雍回去奔丧。季历和众臣要求泰伯接位，他坚决不从，料理完父亲丧事随即返回江南。此为二让。之后，季历被暗害致死，泰伯又一次回去奔丧。季历的儿子姬昌和群臣再次要求他继承王位，他依然不从，再次让位于姬昌。此为令百姓肃然起敬的第三让。

孔子曾在《论语》中称赞泰伯"三让天下"为人世之"至德"，并把他视为理想人格的化身。他认为，泰伯为了天下稳定，放弃自身继承权，禅让王位，是符合大道的。事实上，正是由于泰伯三让天下，才能让姬昌继承王位，成为有为之君，开创大周王室的伟大基业；也正是泰伯奔吴，才开启了吴地的灿烂文明。

◎ 第六章 ——

以礼为先

是安身立命之源

孟子曰："离娄之明，公输子之巧，不以规矩，不能成方圆。"意思是：即使有离娄那样好的视力，公输班那样好的技巧，如果不用圆规和曲尺，也不能准确地画出方形和圆形。所谓方者，规矩也，是为职场之礼；所谓圆者，圆融也，是为练达的职场处事之道。

在职场中，方圆为一对有机体，两者缺一不可，要想成为具有大智慧的职场达人，就要做到方圆相济，成为职场"方圆"人。这样的人既具有武士的勇猛，又具备智者沉静蕴慧的平和。他们行动时干练、迅捷，不为琐碎牵绊；退避时，能审时度势，激流勇退。在他们的职业履历中没有失败，只有蓄势待发的沉默。

行走职场，福祸无从预测，要想趋吉避凶，唯有内方外圆，以"礼"字为先，兼具圆融的处世智慧，做到行欲方而智欲圆，才能逢凶化吉，步步高升。

大直若屈
大辩若讷

子贡曰："君子亦有恶乎？"子曰："有恶。
恶称人之恶者，恶居下流而讪上者，
恶勇而无礼者，恶果敢而窒者。"
—— 《论语·阳货》

释文：

子贡问孔子："君子也有厌恶的人吗？"孔子说："有。君子厌恶说人坏话的人，
厌恶在下位却诽谤上位者的人，厌恶有勇无礼的人，厌恶果敢而不通权变的人。"

——◇◇ 国学链接：阳货其人 ◇◇——

阳货，名虎，字货，是春秋时鲁国人。鲁国大夫季平子的家臣，季氏曾几代掌握鲁国朝政，而阳货又掌握着季氏的家政。季平子死后，阳货专权管理鲁国的政事。后来他与公山弗扰共谋杀害季桓子，失败后逃往晋国。

◎诸子之言：

在这里，孔子表达了君子对四种人的厌恶：厌恶说别人坏话的人；厌恶在下者毁谤在上者，厌恶勇而无礼的人；厌恶果敢而固执的人。孔子的厌恶是有道理的。

处于上位的人如果犯了错误，比如自己的父母、领导等，处于下位的人应当委婉规劝，不应言辞激烈地攻击诋毁。勇而无礼，就是勇敢而没有礼的约束，就是鲁莽。勇而无礼必然犯上，犯上就会为乱，这样的勇是造成危害的小勇，是匹夫之勇。做事情很坚决，但是固执己见、不懂权变的人，他们的勇气与魄力虽然可嘉，但方法却不恰当，最终不能够达到理想的效果。所以，对于这几种人，孔子是厌恶的。

老子曰："大直若屈，大巧若拙，大辩若讷。"意思是说真正正直的人貌如屈从，真正聪明的人貌如愚笨，真正善辩的人貌如木讷，强调才不外显，深藏不露。

孔子和老子的话意在告诫人们：与人沟通，尤其是向上级提意见，应该讲"礼"，针锋相对、严厉斥责有时并不能解决问题，这只是逞一时之快，是匹夫之勇，而真正的智者懂得收敛锋芒、迂回前进。

——◇◇ 延伸思辨：事上以道，不可则止 ◇◇——

在古代，下级对上级提意见的做法称为"谏"，这是文官的重要职责和义务，正所谓"武死战，文死谏"。现实中，"死谏"并不明智，也不是达到劝谏目的的上策。因为上级的性格和偏好虽有不同，但完全拒斥一切意见的人屈指可数，主要是进谏者能否抓住上级的特点，结合实际灵活把握提意见的方式和方法。

孔子说："以道事君，不可则止。"（《论语·先进》）意为当上级的做法背离了"道"的要求时，作为下级理应提醒、规劝。若上级不听意见一意孤行，也没必要为了正直的名声苦苦相劝。

即使有时上级觉得你的意见有道理，但出于其他的考虑而拒绝了你的建议，这时候要把握分寸，适可而止，否则会给上级留下不佳印象，不但意见没有被采纳，还不利于塑造自身形象。

判断一个意见是否应该提出，一个想法是否应该坚持，要充分考虑当前的处境和自己的身份是否合宜。

春秋时期，陈国的国君陈灵公荒淫无道。大夫泄治尽忠职守，屡次劝谏，陈灵公非但不听，还纵容奸佞杀死泄治。子贡问孔子说："当年比干劝谏殷纣王而被纣王杀害，大家都把他称作仁人，泄治的行为，和比干一样，应该也算作是一个仁人了吧？"

孔子回答："不然。比干对于纣王，按照亲属关系来说，是纣王的近亲叔父，按照君臣关系来说，是纣王的重臣少师。他对于殷朝的江山社稷和历代先王的宗庙负有重大的责任，所以才以死相争，希望自己死后，纣王能够悔悟，重新振作起来，中兴殷朝，因此比干可以算作一个仁人。可是泄治呢？他对于陈灵公来说，职位只是一个小小的大夫，又没有血缘上的亲属关系，身在昏乱的朝廷做官，希冀得宠而不忍离去，还想以自己的区区之身，改变整个国家的荒淫腐朽，这不是异想天开吗？死而无益，真是白死了！"（《孔子家语·子路初见》）孔子认为，在这种"世事不可为"的情况下，作为疏远的小臣强行进谏，实非明智之举，因为这样的劝谏不但无济于事，还可能损害自身的利益甚至性命。

所以，作为下级在提意见之前要思考一下上级接受的可能性，如果已经预感所提意见难以被上司接受，则表明这样的进谏可以暂缓或放弃。切忌盲目冲动，或在小事上纠缠不休，甚至单纯地为了表现自己的水平，而提一些不切实际的意见。

——◇ 当代镜鉴：学会婉言劝谏的智慧 ◇——

在一个单位中上级能否采纳意见，与其个性和修养有关，也和提建议的方式方法有关。应该从矛盾双方看问题，而不是把责任归于某一方。若是下级的意见没有被采纳，不一定是上司拒绝谏言，刚愎自用的结果，也有可能是意见本身并不合理，又或者是提意见的时机、场合、对象不合理。意见本身不合理，那便是意见自身的问题。可如果一个好的意见却因为方式不恰当而得不到采纳，对双方而言都是损失。

喜欢听到赞扬，厌烦别人的批评是人之常情，如果下级在说话时口不择言，就会让上司的面子受损，会使上级感到自己的权威受到威胁和损害。给上司提意见是好事，但是也要学会变通，注意说话的方式方法，给上司留足面子。

当和上司的观点相冲突时，最好不要公开争论、顶撞，而可以在单独的时候找上司沟通，这样既保全了上司的颜面，又使沟通更加冷静理性，达到我们想要的结果。

当我们面对不同性格和风格的上司时，要采取不同的策略来提建议。如果是一个很有主见的上司，直接提建议往往会被否定，因此需要婉转迂回地进行引导；如果是一个没有很多主意的上司，我们在提意见的同时需要准备两到三套解决方案，并分析其优缺点，供上司选择。

作为下级，在向上司提出想法或意见时，并不一定要针锋相对，掌握与上司沟通的技巧和方法很重要。作为下属如果针锋相对，就会侵犯领导的权威，这也相当于给自己订做了小鞋。虽说"良药苦口利于病，忠言逆耳利于行"，可是如果良药不苦，忠言顺耳，岂不是更好吗？常言道："弓硬弦常断。"当局面僵持不下的情况下，强行谏言恐怕会两败俱伤。所以，与上司沟通时，不妨适度地婉转迂回，以达到让上司的心迅速"解冻"，从而认可属下看法的效果。

◎**精彩典故：**

淳于髡委婉劝谏

《史记·滑稽列传》中有一个故事，讲的是在战国时期，齐威王即位三年，沉迷酒色，耽误政事，所有朝内事务交由大臣处理，自己对朝政不闻不问。由此，政治风气不正，官吏贪污失职，诸侯国借此机会纷纷来犯，齐国面临着内忧外患的局面。

齐威王好"隐语"，即喜爱猜谜。国内有个名叫淳于髡的人说了个谜语让齐威王猜："有只大鸟，住在大王的宫廷中，已经整整三年了，可是它既不振翅飞翔，也不发声鸣叫，只是毫无目的地蜷伏着，大王您猜，这是一只什么鸟呢？"威王一听就明白了，回答说："此鸟不飞则已，一飞冲天；不鸣则已，一鸣惊人。"

自此之后，齐威王不再饮酒作乐，转而开始整顿朝政。他先是会见官吏，良优则奖，失职责罚，赏罚分明。同时整顿军事，强大武力，壮大军队。举国上下很快就振作起来，充满了蓬勃的朝气。各诸侯国闻此消息后纷纷退兵，不敢侵犯，甚至把之前侵犯的土地一一归还。不久后，楚国发兵攻打齐国，齐王置办百斤黄金和十辆车作为礼物送给赵国，并派淳于髡去赵国搬救兵。出发前，淳于髡看到这些礼物，笑得不能自已，把帽带子都崩断了。齐威王很纳闷，问："你是嫌礼物太少吗？"淳于髡答道："不敢。"齐威王又问："那你笑什么？"淳于髡回答说："今天我从东边过来的时候，看见有个人在田里祈祷丰收，地上摆放一只猪蹄和一杯酒，祈祷说：'老天保佑我！保佑我高地上打下的粮食装满仓笼，低田里打下的粮食装满大车；五谷丰登，发家致富。'现在我想起来他祈祷得到那么多，却只愿意献出一只猪蹄一杯酒，所以才忍不住大笑起来。"

齐威王听完感到十分惭愧，重新置办千镒黄金和百辆车马作为礼物，淳于髡这才前往赵国。赵王收到礼物后果然借给齐国十万精兵和一千辆战车，楚国听闻消息后连夜退兵而去。

淳于髡提意见的方法，就是投其所好，迂回曲折，总之，一切以达到目的为准则。他根据齐威王的特点、爱好，从不直接指斥威王的过错，而是借事说事，给本来十分严肃的君臣关系营造了轻松的气氛，在此氛围中，上级也更加乐于接受意见。

満招损
谦受益

企者不立，跨者不行，自见者不明，自是者不彰，自伐者无功，自矜
　者不长。其在道也，曰余食赘形。物或恶之，故有道者不处。
　　　　　　　　——《老子》

释文：
　　踮起脚后跟站立的人反而站不稳，大跨步前进的人反而走不远，自我表现的人反
而不明白，自以为是的人反而不彰显，自我夸耀的人反而没有功劳，自高自大的人反
而不能长久。从"道"的方面说，这种人叫剩饭赘瘤，人们都讨厌这种人，所以有道
的人不是这样做的。

——◇◇ 国学链接：老子与道教 ◇◇——

道教的创始人是被称为张天师的张陵，道教尊老子为道祖，并将其《老子》一书改名为《道德真经》，作为主要经典。从《列仙传》开始，把老子列为神仙。东汉时期，成都人王阜撰《老子圣母碑》，把老子和道合而为一，视老子为化生天地的神灵，成为了道教创世说的雏形。东汉桓帝更是亲自祭祀老子，把老子作为仙道之祖。老子被尊称为"太上老君"，又被尊称为"混元皇帝"。

◎诸子之言：

老子还说："不自见，故明；不自是，故彰；不自伐，故有功；不自矜，故长。"这四不，也是一个人立身处世的基本修养。"不自见，故明"是说人要有自知之明，在事业有所成就时，不可得意忘形，要保持平常心境。"不自是，故彰"是说做人不能够自以为是，不要认为自己绝对没有错，要保持谦虚的心态才能看清是非曲直。"不自伐，故有功"是说有了功劳要做到谦逊，不夸耀自己。"不自矜，故长"是说一个人摒弃傲慢的态度才能长久立世，否则只会得到他人的厌恶。

总之，老子是要告诉世人，摆低姿态、保持谦恭的态度并不是消极厌世，而是一种智慧，一种高明的处世之道。正如《尚书·大禹谟》所说："满招损，谦受益，时乃天道。"

谦恭也是儒家的处世准则。《周易·谦卦》中有这样的语句："谦谦，君子。"即人在各种场合都保持谦逊，才能算作真正的君子。《周易·谦卦》中还说："天道亏盈而益谦……人道恶盈而好谦。"赞誉了盛名不夸的"鸣谦"、居功不傲的"劳谦"。明代理学家王阳明也说："谦者，众善之基；傲者，众恶之魁。"其意是说，谦逊是众多善行的基础，骄傲是诸多过失的罪魁。

——◇◇ 延伸思辨：要谦虚，也要懂得适度表现 ◇◇——

"酒香不怕巷子深"曾是风靡一时的营销理念，强调只要产品品质好，就能如同馥郁芳香的酒在深巷中传播开来。这当然是在巷子并不太深的前提下，假如巷子九曲回肠望不到尽头，那么再好的酒终究免不了沦为平庸之物。常常有人叹息自己英雄无用武之地，像金子被砂砾掩埋了光芒，或没有机会展示自己的才学和抱负，或羞于出口，怠于行动。他们习惯等待别人来发现自己。只可惜这个世界上千里马很多，而伯乐不常有，即使伯乐站在你面前，你不在他面前展示一下他也不会知道你是千里马。

谦虚固然是一种美德，但如今的社会已经不是"酒香不怕巷子深"的年代了，所以表现力对职场人至关重要。虽然人人都说决定成功的基本要素很多，如专业知识、经验、思考能力等，然而，在向成功作最后100米冲刺时，却不能没有表现力。职场人只有适当地表现自己，才能在职场中如鱼得水、游刃有余。

人们有时会走入误区，认为在职场中锋芒毕露会引人反感，所以尽力保持克制，并隐藏自己的真实想法。这样的做法虽然稳妥，但也容易错失向领导和同事展示自己的良机，自然升迁加薪的好事也远离自己。

当然，表现自己并不等于凡事争先，个人英雄主义。表现自己，也要重视合作、懂得合作，因为事业的成功大都离不开团队的协作互助。别忘了和别人共享你的经验、你的知识，你得到的将远远大于你付出的。

——◇◇ 当代镜鉴：职场上"谦虚"是智者的表现 ◇◇——

在职场中适当地推销展示自己本无可厚非，但是一定要注意不能过头。千万不能在同事或上司面前自恃甚高，显出一副无所不能的样子，这样不仅不能博得上司的欣赏、同事的信任，而且还会使上司和同事觉得你不好相处，没有团队合作精神，从而对你冷落疏远。

一个人才华横溢固然是好事，但是如果因为自己具有某方面的才华就觉得多么了不起，到处炫耀，甚至不把别人放在眼里，就不明智了。做什么事情都不要锋芒毕露，偶尔表现，小露锋芒，可以给上司和同事留下好印象，但要切记把握好度，为人处世拿捏好分寸，不要做出越位之事。让上司、同事消除戒心，要懂得先保护自己，收敛锐气等待时机，切忌以自我为中心。

恃才傲物是成功的流沙，它让我们一叶障目，不见泰山；让我们不思进取，裹足不前。在职场中，谦虚永远是一名员工的美德，任何时候都不能抛弃。一个毫不谦虚，恃才傲物的员工，会给自己的职场之路徒增许多坎坷。俗话说："天外有天，人外有人。"我们在职场中，必须经常保持一颗谦逊的心，善于取人之长，补己之短，而不要自命清高，如此才能在职场上有所作为。

曾经有人问爱因斯坦，说："您老可谓是物理学界空前绝后的伟人了，何必还要孜孜不倦地学习呢？何不舒舒服服地休息呢？"爱因斯坦并没有立即回答他这个问题，而是找来一支笔、一张纸，在纸上画上一个大圆和一个小圆，对那位年轻人说："在目前情况下，在物理学这个领域里可能是我比你懂得略多一些。如果把你所知的比喻成是这个小圆，我所知的是这个大圆，那么整个物理学知识是无边无际的。对于小圆，它的周长小，即与未知领域的接触面小，他觉得自己不知道的东西很少；而大圆与外界接触的这一周长大，所以更感到自己未知的东西多，因此也就会更加努力地去探索。"

正如爱因斯坦所说，一个人知道的东西越多就会越感到自己的无知，所以真正有才华的人永远是谦虚的。正所谓："虚心竹有低头叶，傲骨梅无仰面花。"没有谁可以真正拥有骄傲的资本，即便在某领域有深厚造诣，也不敢自命精通。"生命有限，知识无穷"，任何一门学问都是无尽海洋，无际天空。所以，在职场上没有谁可以认为自己的业务能力已登峰造极，从而停滞不前。否则的话，必将为他人所超越。

◎ **精彩典故：**

荀攸收敛锋芒

三国时期曹操的著名谋士荀攸，智慧超群，谋略过人，他辅佐曹操征战天下，建功立业，帮助巩固了曹氏集团的统治。他在朝中二十余年，在复杂的人际关系中始终稳居其位，处于不败之地，其中的奥秘就在于他为人谦虚谨慎。

曹操有一段话形象而又精辟地反映了荀攸的为臣之道："公达外愚内智，外怯内勇，外弱内强，不伐善，无施劳，智可及，愚不可及，虽颜子、宁武不能过也。"（《三国志·荀攸传》）荀攸参与军机，他智慧过人，贡献妙策，勇迎敌军。但当面对君王和同僚，却不争不抢，表现得文弱谦卑，怯懦愚钝。

他为曹操"前后凡画奇策十二"，史家称赞他是"张良、陈平第二"，他不以自己的显耀功勋自夸，而始终保持谦虚谨慎的姿态。

有一次，他的表兄弟辛韬问及他智取袁绍战冀州的事情，他极力否认了自己的功勋，说自己什么都没有做。荀攸与曹操相处 20 年里，深受信任，但却从未有人去曹操面前说他的坏话，他也没有一处使得曹操不悦。建安十九年（公元 214 年），荀攸于征途中故去，曹操知晓后悲痛不已，说："孤与荀公达周游二十余年，无毫毛可非者。"曹操称之为谦逊的君子和完美的贤者，这都是荀攸明白隐藏锋芒，恭谨处世的结果。

业精于勤
而荒于嬉

业精于勤，荒于嬉；行成于思，毁于随。
——（唐）韩愈《进学解》

释文：
学业由于勤奋而精通，而荒废于嬉戏玩乐；事情由于反复思考而成功，但它却能毁
灭于随随便便。

——◇◇ 国学链接：《进学解》◇◇——

韩愈《进学解》，旧说作于唐宪宗元和八年（813年）。是年韩愈四十六岁，在长安任国子学博士，教授生徒。进学，意谓勉励生徒刻苦学习，求取进步。解，解说，分析。全文以先生劝学、生徒质问、先生再予解答为形式，故名《进学解》，实际上是作者感叹不遇、自抒愤懑之作。

◎诸子之言：

古人崇尚勤奋的品德，认为"天道酬勤"。"天道"即"天意"，"酬"即酬谢、厚报的意思。"勤"即勤奋、敬业的意思。意思是说"天意厚报那些勤劳、勤奋的人"。正所谓"一分耕耘，一分收获"，不能付出辛勤的汗水也就不能有所收获。

《老子》中也说："合抱之木，生于毫末；九层之台，起于垒土；千里之行，始于足下。"老子从"大生于小"的观点出发，阐述了事物发展变化的规律，形象地向人们说明了，无论做什么事情，都必须具备勤奋踏实的精神，只有从小事做起，才可能成就大事业。

俗话说："宝剑锋从磨砺出，梅花香自苦寒来。"要想拥有高尚的品质和不凡的才学，必须经过刻苦的修炼方才能达到。

——◇◇ 延伸思辨：勤能补拙 ◇◇——

冰心说："成功的花，人们只惊羡她现时的明艳！然而当初她的芽儿，浸透奋斗的泪泉，洒遍了牺牲的血雨。"古往今来，有许许多多的杰出人物，人们只看到他们表面的优秀和风光，却没有看到他们背后默默付出的汗水。这些杰出的人物并没有超常的天才，甚至有些人天资欠佳，但是勤能补拙，正是靠着勤奋他们才走向成功。

宋代学者朱熹讲过这样一个故事，曾有一位名叫陈正之的人，天生愚钝，每次读书只能阅读50个字。为了克服缺点他勤奋苦练，别人读一遍的文章，他便要读上三四遍。日积月累，他的知识也与日俱增。后来，他成功克服了自己的缺点，成为了一代博学大家。

当初梅兰芳拜师学戏，师傅说他天生呆滞的死鱼眼，不是一个学戏剧的材料，因此拒绝了他的拜师请求。师傅的拒绝没有让他丧失信心，反而促使他更加勤勉练习。他仰望天空，双眼紧随翱翔的鸽子；他俯视水底，双眼注视遨游的金鱼。在不懈的练习下，他的眼睛逐渐灵活，最终成为一代京剧大师。

华罗庚教授说："勤能补拙是良训，一分辛劳一分才。"即使天资再差，只要勤奋，就一定能成功。

——◇◇ 当代镜鉴：勤奋才能有收获 ◇◇——

微软公司中国区前总裁唐骏说："比别人勤奋一点点，就能超前别人一大步。"

常有刚踏入职场的年轻人，不愿为工作牺牲哪怕一丁点儿的私人时间，坚决拒绝加班。他们认为下班后的时间是属于自己的，况且即使加班，也未必能被领导看见。其实这样的想法是错误的，加班不仅仅是为老板干活，更是自己思考、学习，藉此及时充电、不断提升自身能力的机会。虽然领导可能没看到你长期废寝忘食勤奋工作的身影，但却不会对你的进步视而不见。

在最新公布的国内平均薪资排行榜中，MBA 的年薪居于薪资榜的首位，而在国外，MBA 则有更高的工资。这是因为他们付出了比常人多数倍辛苦和努力。有统计数据显示，现在上班族的平均周工作时长约为 40 小时，在美国服务于一流咨询公司的 MBA，每周工作时长为 80 小时，服务于顶级金融公司的 MBA，每周工作时长远超 100 小时。这就意味着他们没有周末，从周一到周日每天工作 15 小时。

只有努力工作才是获得成功的最好捷径，尤其是现代社会人才辈出，竞争也更加激烈。要想在激烈的竞争中立于不败之地，必须具备不懈奋斗、追求卓越的精神，必须付出更为艰辛的努力，挥洒更多辛勤的汗水。

机遇只青睐有准备的人，对于懒惰者而言，即使是千载难逢的机遇也毫无用处，而勤奋者却能将最平凡的机会变为千载难逢的机遇，取得成功。所以，上天不负有心人，只要勤奋工作就一定会有所收获。勤勤恳恳地对待工作，这是对工作负责，更是对自己负责。

◎**精彩典故：**

苏秦勤奋学习

战国时期的苏秦曾任六个诸侯国的丞相，是一个优秀的政治家。他的成功还要归功于他的勤奋。

战国七雄之中，秦国最强，大有一举消灭其他六国之势。苏秦曾向秦惠王数次上书，然而秦王对他的建议并不感兴趣。苏秦回到家中，家人和邻居看到他落魄的样子，都对他态度冷淡。这件事对苏秦造成了很大的打击，他决心从此发愤读书，通过读更多的书让自己长更大的见识，使自己成为一个真正的人才。

苏秦夜以继日地钻研政治理论和军事理论，不管是吃饭还是睡觉，他都不舍得放下手中的书。有一天夜里，他困得已经睁不开眼了，然而作为一个立下大志的人，他为自己的学习状态不佳感到羞耻，为自己的不争气感到愤怒。于是苏秦一把抓起书桌上刻竹简用的锥子，猛地向自己的大腿扎下去，鲜血顿时流了下来，苏秦觉得自己的精神为之一振，就接着读下去。春去秋来，一年多过去了，他终于成为一个底蕴深厚的学者。

当六国都在绞尽脑汁对付秦国的时候，苏秦游说各国，提出"各扫门前雪"的做法是行不通的，要想成功抵制秦国，大家必须联合起来。这一次，他终于取得了成功，"六国丞相"苏秦的美名得以流传千古。

独乐乐不如众乐乐

（孟子）曰："独乐乐，与人乐乐，孰乐？"

（齐宣王）曰："不若与人。"

（孟子）曰："与少乐乐，与众乐乐，孰乐？"

（齐宣王）曰："不若与众。"

——《孟子·梁惠王下》

释文：

孟子说："独自一人欣赏音乐快乐，与他人一起欣赏音乐也快乐，哪个更快乐？"

齐宣王说："不如与他人一起欣赏音乐更快乐。"

孟子说："和少数人一起欣赏音乐快乐，与多数人一起欣赏音乐也快乐，哪个更快乐？"

齐宣王说："不如与多数人一起欣赏音乐更快乐。"

——◇◇ 国学链接：齐宣王其人 ◇◇——

齐宣王田辟彊（约公元前 350—公元前 301 年），战国时齐国国君，齐威王之子，公元前 320 年继齐威王为田氏齐国第五代国君。

◎诸子之言：

《孟子》所说的"独乐乐不如众乐乐"，意在告诉人们好东西要与他人分享，只有懂得分享才能收获更多的快乐。对于功绩荣耀也是如此，一个懂得与他人分享功劳的人自然能够赢得别人的尊重与好感，相反，那些极端自私、独贪功劳的人会受到众人的指责与离弃。

《左传·僖公二十四年》："窃人之财，犹谓之盗，况贪天之功以为己力乎？"意思是说偷别人的钱财，还被叫做盗贼，何况是把一切的功劳都说成全凭了自己的力量呢？把众人共同努力的功绩说成是自己的，抹杀他人的贡献，这是一种不好的行为，对他人来说也是一种不公平。作为君子，一定要避免这种情况在自己身上发生。

——◇◇ 延伸思辨：独贪功劳害处大 ◇◇——

你的荣耀可能会让别人变得黯淡，从而带来一种不安全感，而你真诚的分享和谦卑的态度，是别人的一颗"定心丸"。当你在工作上取得成绩并获得肯定时，切忌过分炫耀，也不可独享荣耀，否则将会造成不必要的人际关系壁垒。

当你获得荣誉时，如果其中有了他人的功劳，那你不要独自享受，否则有一天你也许会独吞苦果！

——◇◇ 当代镜鉴：学会与他人分享荣耀 ◇◇——

俗话说，有福同享，有难同当。当你在工作上有着不错的成绩时，庆幸之余也要注意，如若这一成绩是集体的功劳，别忘了分享荣耀，分享喜悦，否则将会给他人留下好大喜功的坏印象。另外也要注意千万别高兴得过了头，以免伤害别人的自尊心或引起他人的嫉妒。

有一位颇有才气的王先生，既担任出版社的编辑，也担任旗下杂志的主编，平日里和同事关系相处融洽。有一次，他主编的杂志在评选中获得大奖，他感到非常荣耀，逢人便夸，同事们纷纷表示祝贺。但没过多久，他便感觉同事们总有意无意地和他过不去，且尽量回避他。

为什么会发生这种情况？就是因为王先生犯了独享荣耀的错误。就事论事，这份杂志之所以能得奖，主编的贡献当然很大，但这也离不了其他人的努力，所以这位主编独享荣耀，当然会引起别人不舒服。

所以，当你在工作上有特别表现而受到肯定时，千万要记住一点——学会与他人分享荣耀。当你获得荣耀时，应该做到以下两点：

一是感谢他人。感谢同事的帮助，不要把功劳归结于自己一个人身上。尤其要感谢上司，感谢他的指导、授权、提拔。

二是要保持谦卑的态度。一些人一旦获得荣耀，就容易自我膨胀，这是不可取的。当你获得荣耀时，对他人要更加客气，荣耀越高，头要越低。另一方面，别总是提及自己的荣耀，说得多了，就变成了一种自我吹嘘，容易令人产生反感。

总之，学会与他人分享荣耀，可以为自己与周围的同事乃至上司营造和谐相处、荣辱与共的良好氛围。同时，也是对自己谦虚品格的培养，一种人格的修炼。

◎**精彩典故：**

岳飞功成不居

南宋诸大将如张俊、刘光世、杨沂中等人都是贪功忌才的人。一次，刘光世在高宗面前大言不惭地夸口："他日史官记中兴各将帅，书臣功，功第一！"对这样一个尸位素餐的懦将，如此贪功，连高宗也不得不申斥他："徒为空言！"而岳飞，功盖天下，却从不居功。每临功赏，总是以"无功"辞谢。高宗也不得不承认岳飞"推功名而不居""每拜官必力恳避"。

岳飞不以功自居，却推功及人，让功于同列与部属，这是南宋诸将中所仅有的。如收复襄阳六郡时，朝廷曾命刘光世派兵出援。结果，在岳飞收复襄阳六郡的第三天，刘光世所部郦琼的五千军马才姗姗而来。可是，岳飞上报战功时，却请求"先推刘光世军犄角之功"。他说："虽其至不及期，然臣之军士知有后援，所以能成薄效。"而对部属，更是"尺寸之功，丝毫必录"。他总是说，所打胜仗 "皆将士竭力，在臣何功"。

各尽其责
不可权责越位

非天子，不议礼，不制度，不考文。

今天下车同轨，书同文，行同伦。

虽有其位，苟无其德，不敢作礼乐焉；

虽有其德，苟无其位，亦不敢作礼乐焉。

——《中庸》

释文：

不是天子，不能议论礼制的是非，不能制定度量的标准，不能考究文献的史迹。现在天下的车辆都是一样的宽度，书写都是一样的字体，行为都是一样的准则。虽然在那个位置上，却没有相应的德行，是不敢制作礼乐的；虽然有那个德行，却不在位置上，也不敢制作礼乐啊！

──◇ 国学链接：何谓"礼乐" ◇──

礼乐就是礼仪和音乐。古时候，帝王常以礼乐作为治国手段，以维护尊卑有序的统治局面。在西周时期，周天子分封的诸侯国林立天下，为了巩固西周统治，周公旦开始制作礼乐，并将其作为一种维护宗法制度的工具。在这一时期，礼乐制度得到了极大的完善，从而奠定了中国传统文化的基调。以礼乐制度维护封建统治，也成为了周代的标志性文明，对后世产生了深远持久的影响。

◎诸子之言：

在《中庸》成书的年代，天下的第一等大事就是"制作礼乐"，所以《中庸》中以"制作礼乐"的问题来阐述不能越位的道理。其实孔子早就明确提出了这个问题："不在其位，不谋其政。"（《论语·泰伯》）就是："不在那个职位上，就不要去考虑那个职位上的事。"

孔子要求为官者各负其责，各司其职，脚踏实地，做好本职分内的事情。如果自己的事情都做不好，却总是想着别人的事情，谋算着别人的位置该做的事，越俎而代庖，结果谁的事情都没有做好，反而违背了立位设官的初衷。所以，曾子也说："君子思不出其位。"（《论语·宪问》）后孟子又言"位卑而言高，罪也"（《孟子·万章下》）。这都是在告诫为官者不可权责越位。

确实，不论处于什么时代，各在其位，各司其职，是维持社会秩序稳定的必要条件。

◇ 延伸思辨：别做不该自己做的事 ◇

不在其位，不谋其政。但是现实生活中，很多人都容易犯不在其位，也谋其政的毛病。比如，动不动就对别人的做法说三道四、指手画脚，甚至恨不得自己替别人去做，这是典型的权责越位。你越位，做了别人该做的事，不但不会得到别人的感谢，反而还可能招致别人的忌恨。

关于行事的身份、职责和角色问题，大思想家韩非子也强调严惩那些侵官越职管闲事的人。他讲了这样一个故事：

韩昭侯有一次喝醉了酒，伏在几案上睡着了，专门为他管理帽子的人怕他受寒，就在他身上披了件衣服。韩昭侯一觉醒来，看见身上加了衣服，很高兴，问旁边的人："谁给我加的衣服？"旁边的人回答说："管帽子的。"韩昭侯于是下令，把管衣服和管帽子的一同治罪。

在工作中，每个人都有自己的角色，并且每一个角色的背后都有相对应的权利和责任。因此，人们首先应该做好自己分内的事情，各司其职，才能提高效率。否则，不仅自己的事情做不好，还会在无意中影响了别人的工作。

◇ 当代镜鉴：职场常犯越位行为知多少 ◇

在职场中，每一个工作岗位都会有明确的权限和职责，即使你再有能力，也得按照自己在体制中的位置行事，清楚自己的工作权限，不要超越自己的职责范围。

下属的越位行为一般有以下几种：

第一，工作越位。由于上司与下属的角色定位不同，所以上司与下属应该各司其职。但是，有些下属为了显示自己的能力，或出于对上司的关心，总是自作主张地替上司做一些工作，这样就很容易造成工作越位。

第二，决策越位。对于公司中的种种决策，下属往往只有参与权，决策权还是掌握在上层手中。若下属逾越权力界限，按照自己想法和意愿替上层做出决策，可能会因决策越位而造成不良后果。

第三，场合越位。有些场合，下属不应该也不适合在场，在这时，作为下属要懂得察言观色，读懂暗示，给予上司一定的空间，如贸然继续在场，则会造成场合越位。

第四，表态越位。表态是人们对某件事情或问题的回答，同一定的身份密切相关，如果下属的表态超越了自己的身份，或者胡乱表态，不仅是不负责任的表现，而且也是无效的行为。我们经常发现，一些下属在上司没有表态也没有授权的情况下，却抢先表明态度，造成喧宾夺主之势，这往往会陷上司于被动之中，很容易得罪上司。

第五，程序越位。在工作中，作为下属必然要按照程序规定来办事，在未得到上司授意之前，切忌提前透露信息，否则将造成程序越位。

作为下属一定要避免以上几种越位情况。当然，我们也不能因为怕越位而在工作中缩手缩脚，无所作为。该说的话，一定得说，而且要说到位；该做的事，要坚决去做，而且做到家，保质保量地完成工作任务。

我们除了做好分内之事外，还要有发现工作的眼光，判断工作性质和工作难度的眼力，和主动做事的眼色。

当面对他人工作范围之外的事务时，我们可以去做。越位的要害，在于超出自己的权力范围，更在于侵犯了他人的权力领地。在这个领地之外的工作，若是无人问津，我们也可尝试主动去完成。这些事虽然大部分是小事，却往往最能表现人的素质。比如，同事间的一些需要帮忙的私事，对于老板失误的补救，等等。这类事情即使没有做好也没有关系，并不会得罪人；但要是越俎代庖，就有可能损害人际关系。

此外，我们还可以做一些对别人而言仅仅是义务而不牵涉权力的事情。有些事，即便你想为人分忧，但是由于事务的复杂性，或者是超越了权限，也不便去做，否则就是越位。尤其应该注意的一点是，不要在公开场合超越自己的权限替他人决断或办事，否则就会被人怀疑为动机不纯，有损于自己的良好形象。只有真心实意地帮助别人，并且拿捏好分寸时机，才能成为受同事欢迎和领导赏识的职场达人。

◎ **精彩典故：**

子路济民

子路是孔子最喜欢的弟子之一。子路性格非常豪爽和正直，也正因为这种性格，他经常直言顶撞孔子，但内心一直非常尊重自己的老师。

子路曾任蒲地的"宰"，也就是当地行政长官。一年夏天，雨水丰沛，子路担心暴雨会带来洪涝灾害，便带领民众修理河道，防患未然。当他看到民众在炎炎烈日下辛苦劳作时，感到非常同情，便拿出自己的俸禄为他们改善生活。

孔子听说此事，派子贡前去制止。子路听明白子贡的来意后，非常生气，于是就怒气冲冲地去见孔子，对孔子说："我因为天降大雨，恐怕会有水灾，所以才搞这些水利工程；又看到他们非常劳苦，有的饥饿不堪，才给他们弄些粥喝。您让子贡制止我，那不是制止我做仁德的事情吗？您平时总是教导我们要仁爱，现在却不让我实行，我再不听您的了！"

孔子说："你要真是可怜老百姓，怕他们挨饿，为什么不禀告国君，用官府的粮食赈济他们呢？现在你把自己的粮食分给大家，不等于告诉大家国君对百姓没有恩惠，而你自己却是个大大的好人吗？你要是赶紧停止还来得及，要不然，一定会被国君治罪的！"

要不是孔子的及时制止，很难说国君不会疑忌于子路，甚至治罪也是很有可能的。在那个等级森严的时代，这样的越权很容易给自己招来祸端，有时候甚至是杀身之祸。

◎ 第七章 —— 以礼为善 是国家治理之策

《荀子·王霸》中谈到："国无礼则不正。礼之所以正国也，譬之犹衡之于轻重也，犹绳墨之于曲直也，犹规矩之于方圆也，正错之而人莫之能诬也。"意思是说，国家没有礼就不能够稳定。礼能够稳定国家，就好比秤能够衡量轻重，绳墨能划分曲直一样，按照礼的要求做出安排，就没有谁能弄虚作假了。

　　儒家思想强调，当社会成员的行为举止合乎其身份和规范，使贵贱亲疏的等级秩序得以有效维护，便能形成"礼达而分定"的理想局面，从而使得人际和睦，社会和谐，国家安宁。反之，若礼法废止，规矩虚置，则朝纲动荡，社会混乱，人伦不存。鉴于此，儒家始终将以礼治国摆在突出位置，提醒各代君王重视礼法，完善礼制。

　　习近平曾指出："治理国家和社会，今天遇到的很多事情都可以在历史上找到影子，历史上发生过的很多事情也都可以作为今天的镜鉴。"

　　可以预见的是，中华民族伟大复兴的实现之路荆棘丛生、坎坷密布，这就要求我们时刻准备好进行艰苦卓绝的伟大斗争。为了中华之崛起，为了实现民族伟大复兴，我们需要先从道德、礼仪入手，用自己的实际行动为打造中国的大国形象添砖加瓦。

以礼行政
为政先修身

　　孟子曰："尊贤使能，俊杰在位，则天下之士，皆悦而愿立于其朝矣；市，廛而不征，法而不廛，则天下之商，皆悦而愿藏于其市矣；关，讥而不征，则天下之旅，皆悦而愿出于其路矣；耕者，助而不税，则天下之农，皆悦而愿耕于其野矣；廛，无夫里之布，则天下之民，皆悦而愿为之氓矣。"

——《孟子·公孙丑上》

释文：

　　孟子说："尊重贤人，任用能人，杰出的人在位，那么天下的士人都会高兴，而且愿意到那个朝廷去做官；在市场上，商人将货物储存其中而不用纳税，官方依法收购长期积压于货栈的货物，以保证商人的利益，那么天下的商人都会感到欣喜，从而愿意将货物放在这样的市场；在关卡上，只是稽查而不征税，那么天下的旅客都会感到欣喜，从而愿意从这条道路走过；对耕田种地的人，只要他们能够按照井田制助耕公田，就不对他们的私田征收赋税，那么天下的农民都会感到欣喜，从而愿意耕种这样的田地；人们的居所，不征收额外的地税，那么天下的人民都会感到欣喜，从而愿意成为那里的居民了。

——◇◇ 国学链接：子路生平 ◇◇——

《孟子·公孙丑上》是儒家经典著作《孟子》中的一篇。记录了孟子的一些言行。内容涉及管仲、晏子、曾子、子路、孔子、告子、大禹、大舜、文王、周公、伯夷、柳下惠等众多历史人物。总起来说，仍以政治学说，尤其是"仁政"理论为主。

◎诸子之言：

中国古代治国理政思想中有丰富的以礼行政思想。

在《论语·阳货》中，子张曾问孔子怎样才能做到仁，孔子曰："能行五者于天下，为仁矣。""恭、宽、信、敏、惠。恭则不侮，宽则得众，信则人任焉，敏则有功，惠则足以使人。"意思是说："能够将五种品德施行于天下，便是仁了。"这五种品德就是"庄重、宽厚、守信用、勤快、恩惠。庄重就不受侮辱，宽厚就得到大众的支持，守信用就得到人们的信任，勤快就能够成功，对人们施加恩惠才可以更好地使用他们。"

在《孟子·滕文公上》中，滕文公问孟子治理国家的事情。孟子曾说："贤君必恭俭礼下，取于民有制。"也就是说，有贤德的英明君主必定是勤勉认真、节俭自律的，对待下属也是谦虚有礼的，尤其在征收赋税方面，一定要有相应的规则制度。

在《孟子·万章下》中，当万章向孟子请教交友的原则时，孟子说："不挟长，不挟贵，不挟兄弟而友。友也者，友其德也，不可以有挟也。"不倚仗年纪大，不仗恃地位高，不倚仗兄弟的势力富贵去交朋友。交朋友，交的是品德，心中不要存在任何倚仗的观念。

　　"恭宽信敏惠""不挟长，不挟贵""恭俭礼下"等，都表现出以礼治国、以人为本的思想。值得我们学习和借鉴。

——◇◇ 延伸思辨：深谙"礼"道，万事可成 ◇◇——

　　《论语·学而》中有这样一段对话："子禽问子贡曰：'夫子至于是邦也，必闻其政，求之与，抑与之与？'子贡答：'夫子温、良、恭、俭、让以得之。夫子之求之也，其诸异乎人之求之与？'"子禽问子贡："老师到了一个国家，总是预闻这个国家的政事。这种资格是他自己求得的呢，还是人家国君主动给他的呢？"子贡答："老师温和、善良、恭敬、节俭、忍让，所以才得到这样的资格，这种资格也可以说是求得的，但他求的方法，或许与别人的求法不同吧？"

　　通过子禽与子贡二人的对话，我们对孔子为人处世的风格有了一些了解。孔子周游列国时，之所以能够受到各国君主的礼遇和器重，正是因为孔子具备温和、善良、恭敬、俭朴、谦让这些道德品格。而孔子这种温良恭俭让的处世风格的形成，恰恰与他深谙"礼"之道有着密切关系，同时也反映了他面对得失成败时心态的平和。

　　《论语·子路》中有这样一句："君子泰而不骄，小人骄而不泰。"点明了君子和小人在言行举止以及心态方面所表现出来的不同。意思是，君子安静坦然而不傲慢无礼，小人傲慢无礼而不安静坦然。"泰"是指坦然，"骄"是指骄傲。一个骄傲的人总是喜欢以自我为中心，喜欢跟别人比较，所以很难取得别人的认同和尊重。相反，一个人如果总是站在他人的角度考虑问题，对每一个人都以平和的心态坦然处之，那么自然就会获得别人的尊重和喜爱。

诸葛亮说："将不可骄，骄则失礼，失礼则人离，人离则众叛。"（《将苑·将骄》）就刘备自身的才华能力而言，不论治国安邦还是带兵打仗，都算不上是一流人才。但诸葛亮、关羽、张飞等刘备手下文韬武略的众人却都愿意推举他为君主，这其中最大的原因就是刘备深谙"礼"之道，即他很得人心。曾有人评价刘备，说他是一个非常成功的礼仪专家：对待极具个性、性格硬朗的关羽、张飞时，他采取的是怀柔策略，关爱有加；对诸葛亮这样的旷世奇才，他采取的是放下身段，三顾茅庐。后在众人的辅佐下，刘备终于在三分天下的局势中争得一席之地。

在古代社会中，礼是一种社会规范，违背了礼就会被人认为没有规矩，不够君子，自然就会令形象大打折扣。相反，如果遵循了礼，自然会受人爱戴，终有所成。

很长一段时间以来，存在一些管理者过分注重用制度、规范、纪律或命令等刚性管理方法来进行管理的现象，而不善于柔性管理，如运用启发、关怀、尊重人格和满足需要等方法进行管理，因此显得盛气凌人，妄自尊大，做不到以礼待人，"门难进，脸难看，话难听，事难办"就是这种现象的真实写照。这种无礼的表现会对干群关系造成消极的影响，使人民与政府的感情渐渐疏远，甚至会使政府在人民心中的形象大打折扣。领导干部一定要及时更新工作理念，处理各种行政事务时从过去"以事为本"的原则转变为"以人为本"，自觉以礼行政。

——◇◇ 当代镜鉴：发挥"礼"在社会治理中的积极作用 ◇◇——

礼作为人类社会特有的行为规范，标志着社会文明的进步和发展。中国自古以来就是"礼义之邦"，礼在中国古代既是一种社会制度，又是一种严格的行为准则和道德规范。礼归根到底是上层建筑的一种表现形式，虽然礼的产生在根本上是要维护古代社会统治阶级的利益，但同时也推动了中国社会的发展和进步。

邹昌林曾说"中国的乡土社会就是一个礼治社会，在这种社会中，礼是社会公认合式的行为规范"。正因为社会公认礼是能够用来规范人们行为的道德准则，因此它在中国历史进程中进行了有效的社会控制，维护了社会的秩序，促进了社会的和谐，拓展了中华民族道德教化和品德修养的途径，提高了中华民族的素质。

在当今世界，一个社会是否文明、是否进步，其判断的标准，不仅在于这个社会的物质文明程度，还在于其精神文明程度。现代化的社会治理呼唤以人为本的人性化、柔性化管理，要求以礼行政，充分发挥礼在社会治理中的重要作用。

无论是普通人还是居于高位者，在日常生活、工作乃至社会治理中，都要时时处处以"礼"为人，以"礼"行事，如此才能在个人修养以及为人处世上有所收获。

◎**精彩典故：**

齐桓公礼贤下士

齐桓公是春秋时期齐国国君，他求贤若渴，礼贤下士，贤能为之用。他改革齐政，使国富兵强。这些就是他能成为春秋时期第一个霸主的原因。

齐桓公礼贤下士的事颇多，在此仅举一二：《新序·杂事五》曾有记载，齐桓公对小臣稷的贤德有才有所耳闻，想要与他见面，进行交谈。有一天，齐桓公前去见他三次，小臣稷都找借口避而不见，齐桓公的随从就说："主公，您贵为万乘之主，他是个布衣百姓，一天中您来了三次，既然未见他，也就算了吧。"而齐桓公却平和地说："不能这样，贤士傲视爵禄富贵，才能轻视君主，如果其君主轻视称王称霸的荣誉，也就会轻视贤士。纵有贤士傲视爵禄，我哪里又敢轻视称王称霸的荣誉呢？"这天，齐桓公前往五次，才终于见到了小臣稷。在《管子·小问》中还有这样一则故事：有一次，齐桓公和管仲在宫中交谈，谋划着出兵攻打莒国，然而还未行动，消息就在外面传开了。桓公生气地问管仲："我与仲父闭门谋划伐莒，没有行动就传闻于外，这是什么原因？"管仲说："宫中必有圣人。"桓公思索片刻，说道："是的，白天雇来干事的人中，有一个拿拓杵春米，眼睛向上看的，一定是他吧？"这个人名字叫做东郭邮，他来见齐桓公时，桓公请他坐于上位，问他："是你说要伐莒的吗？"东郭邮果断地回答说："对，是我。"桓公便问："我密谋欲伐莒，而你却言伐莒，是何原因？"东郭邮说："我听说过，君子善于谋划，而小人善于推测。这是我推测出来的。"桓公问："你是如何推测出来的？"东郭邮回答说："我听说君子有三种表情，悠悠欣喜是庆典的表情，忧郁清冷是服丧的表情，红光满面是打仗的表情。白天我看见君主在台上坐着红光满面，精神焕发，是打仗的意思，君主张口长出气却没有声，看口型应是言莒国，君主举起手远指，也是指向着莒国的方向，我私下认为小诸侯国中不服君主的只有莒国，因此，我断定您是在谋划伐莒。"桓公听完很高兴，说道："好！你能从细微的表情和动作上断定大事，了不起！我要同你共谋事。"很快，东郭邮就得到齐桓公的提拔，并被授予重任。从这些故事可以看出，齐桓公善于任用贤能，礼贤下士，正因为这样，他才能够为自己的霸业储备大量的人才基础。

常存向善之心

恻隐之心，人皆有之；羞恶之心，人皆有之；

恭敬之心，人皆有之；是非之心，人皆有之。

恻隐之心，仁也；羞恶之心，义也；

恭敬之心，礼也；是非之心，智也。

仁义礼智，非由外铄我也，我固有之也，弗思耳矣。

——《孟子·告子上》

释文：

同情心，每个人都有；羞耻心，每个人都有；恭敬心，每个人都有；是非心，每个人都有。同情心是仁的表现；羞耻心是义的表现；恭敬心是礼的表现；是非心是智的表现。仁、义、礼、智，并不是外在因素强加于我的，而是我本来就有的，只不过不经常去想它，所以不觉得罢了。

──◇ 国学链接：告子其人 ◇──

告子，战国时期思想家。名不详，一说名不害。曾受教墨子之门，善口辩，讲仁义，后与孟轲论人性问题，认为"生之谓性""食色，性也"，人性和水一样，"水无分于东西"，性也"无分于善不善"。他的著作没有流传下来。赵岐在《孟子注》中说，告子"兼治儒墨之道"。孟子曾经与他在人性问题上讨论过几次，因此他的学说在《孟子·告子》中有一鳞半爪的记录。

◎诸子之言：

中华民族历来尊崇"善"，翻阅各种典籍，关于"善"的名言数不胜数。

宋代著名诗人杨万里曾经谈到："人之为善，百善而不足。人之不为善，一不善而足。"意思就是说，人们做好事，做了一百件也不满足；要是做坏事，就是一件坏事也足够了。

《左传·隐公六年》："善不可失，恶不可长。"意思就是好的不能丧失，同样，坏的不能滋长。

所谓"善"，就是不要去损害他人的利益，要多做对他人和社会有益的事，而不以报酬和名利为目的。换句话说，就是要做善良之人，怀善良之心，行善良之事。这样，我们的国家才能更加安定，社会才能更加和谐。

──◇ 延伸思辨：上善若水，厚德载物 ◇──

《老子》中谈到："上善若水，水善利而不争。"《周易·坤》中谈到："君子以厚德载物。""上善若水""厚德载物"都是在劝诫人们多多行善，善事积累多了，就能养成高尚的品德。就像水一样，水滋润万物而不争名利，是最高境界的善。只有品德高尚的人，才能承受得起更多的物质财富和精神财富，并且受到人们的拥戴。

有一位盲人，他每晚都要到楼下去散步。尽管他只能靠着墙小心翼翼地摸索前进，但他每次都坚持打开楼道中的灯。有一次，邻居好奇，不禁问他："你的眼睛看不见，为何还要开灯呢？"盲人说："开灯能给别人上下楼带来方便，也会给我带来方便。"邻居不解地问："开灯能给你带来什么方便呢？"盲人回答说："开灯后，上下楼的人就会看见我，就不会把我撞倒了，这不就带给我方便了吗？"邻居这才恍然大悟。可见，当我们怀揣一颗关爱之心去帮助他人时，同时也是在帮助我们自己。

为他人的幸福着想，关爱他人，体现的是人道主义的理想信念和道德追求。生活窘困的下岗者在社区工作人员的帮助下找到了养家糊口的工作；贫困山区的失学儿童在好心人的资助下又回到了生机勃勃的校园，实现了求学的梦想；在劳动主管部门的帮助下，工资受到拖欠的工人们讨回了自己的工资，得以回家过个团圆年……这些事情都体现出：身处困境的人需要帮助，孤单无依的人需要温暖，我们伸出援手、给予帮助的同时，也能够收获助人的快乐。

人们共同生活在这个世界，你帮助我，我帮助他，彼此相连、互相关爱，就能够让这个世界变得更美好。虽然每个人的自身力量有限，但是一人难挑千斤担，众人能移万座山，只要我们能尽自己的力量去助人"一臂之力"，即使只是"一指之力"，也能够让世间充满温暖。

正所谓"人之初，性本善"，有道是"施比受更有福"。当我们有能力的时候，千万不要吝啬自己的同情心和爱心，给予关爱、及时行善，但愿我们每个人都能为他人点燃一盏灯，同时也为自己照亮前行的路，创造一个灿烂明亮的美好世界。

—◇◇ 当代镜鉴：领导干部要心存敬畏之心 ◇◇—

《论语·季氏》中有这样一句话："见善如不及，见不善如探汤。"意思是说，见到善的，要努力追求，唯恐赶不上；看到邪恶之事，就要像手伸到滚烫开水中一样赶快避开。

当今社会，作为党的领导干部，大都手握权力，往往会面对权力、地位、金钱等各种各样的诱惑。只有心存敬畏，自觉抵御"不善"，始终牢记"情为民所系，权为民所用，利为民所谋"，明白手中的权力来源于人民，要时刻为人民谋福利，才能在权力面前自我约束，在金钱面前自我警惕。

"心有敬畏"方能行有所止。敬畏使人自律，特别是领导干部，只有敬畏权力，敬畏制度，敬畏所有的"善"，才能常存律己之心，正确行使党和人民赋予的权力，不做违法乱纪的事，不拿不义钱财，不沾不良风气。

如果不这样，尽管有为民创业的良好愿望，但这种愿望也往往很难实现。因此，领导必须心存敬畏之心，只有这样才能更多更好地为党工作、为民造福。

◎**精彩典故：**

季氏藐视周礼

鲁国卿大夫季平子在举行祭祖仪式的时候，排出了"八佾"，也就是八列舞队。季平子是鲁国先国君鲁桓公的后代，与当时的国君是本家。鲁桓公让自己的一个儿子继承国君的位子，封另外三个儿子为正卿，卿是仅次于国君的大贵族，人们习惯上称这三家为"三桓"。后来，三家的势力急剧膨胀，竟然超过了国君，其中尤以季氏的权势最盛。

按周礼规定，祭祖时要表演舞乐，舞队排成列，每列8人。大夫一级祭祖，使用4列舞队，由32人组成；国君一级祭祖，使用6列舞队，由48人组成；天子祭祖，使用8列舞队，由64人组成。季氏属于大夫一级，只能用4列舞队，可季平子野心膨胀，居然动用天子礼仪。但他只有4列舞队，还缺少4列，于是就从国君的舞乐队中抽调来了4列。

这一天也是鲁国国君祭祖的日子，舞乐队被季平子抽走了，只好对付着举行了仪式。

对季氏藐视周礼的行为，孔子非常气愤，说："是可忍也，孰不可忍也！"意思是说，要是连这样的事都能狠心做出来，还有什么事不能狠心做出来呢！

孔子为什么如此愤慨？因为季平子藐视礼制，破坏名分。大夫、诸侯、天子是不同的等级，各有自己的名分，季平子是大夫，却不安于大夫的名分，擅自使用天子礼仪，这看上去不过是个祭祀形式问题，但反映出来的却是对社会秩序的颠覆。大夫不尊敬国君，国家就乱了；诸侯不尊敬天子，天下就乱了。鲁国日渐衰落的一个重大原因就是三家大贵族不守规矩，各自发展自己的势力，侵犯国君的权力，从而破坏国家的统一。

　　礼是社会各方面制度和社会成员道德规范的总称，要想使社会保持稳定，就必须遵守礼制。所以孔子主张治理国家要依靠礼。所有社会成员，无论贵族还是平民，无论父子还是兄弟，只要人人都能够按照礼制规定来生活，那么就不会出乱子。

礼仪三百

威仪三千

非先王之法服不敢服，非先王之法言不敢道，

非先王之德行不敢行。是故非法不言，非道不行；

口无择言，身无择行；

言满天下无口过，行满天下无怨恶。

三者备矣，然后能守其宗庙。盖卿大夫之孝也。

——《孝经·卿大夫章第四》

译文：

不是古代贤明君主规定为合乎礼法的服装不敢穿，不符合古代贤明君主规定为合乎礼法的言语不敢说，不符合古代贤明君主规定的道德规范的行为不敢做。不合礼法的话不说，不合道德的事不做，那么，说话时不用刻意选择，就能合乎礼法，行动时不需要专门考虑，也都遵循道德。这样，即使说出的话传遍天下，也不会有过失，做过的事天下皆知，也不会产生怨恨和嫌恶。服装、言语、行为都遵从礼法，这样就可以守住祭祖的宗庙，使祖宗香火延续下去。这就是卿、大夫的孝道。

——◇◇ 延伸思辨：懂得谦敬方能知礼 ◇◇——

《中庸》有云："礼仪三百，威仪三千。"意思是说，有关礼的总纲有三百条之多，细目则有三千条之多。通俗来说，即礼有大礼小礼之分，众人常行的大礼有三百种，个人遵行的日常礼有三千种。由此可见，中华文化非常重视"礼"。《论语》上说："不学礼，无以立。"民间也有"礼多人不怪"的说法，可见，在人际关系中，礼是不可或缺的。

礼的精神实质是谦恭敬重。社会上存在着许多不懂礼貌、傲慢狂妄的人，究其原因在于他们总是以自我为中心，不懂得考虑他人的感受，他们不懂得，人和人之间相互谦让、相互尊重，是一个人的基本文明素养，也是一个人的本分，更是一个人的风度。

《论语·颜渊》中记载这样一段话："司马牛忧曰：'人皆有兄弟，我独亡！'子夏曰：'商闻之矣：死生有命，富贵在天。君子敬而无失，与人恭而有礼。四海之内，皆兄弟也。君子何患乎无兄弟也？'"

这段话的意思是，司马牛忧伤地说："人人都有好兄弟，就单单我没有！"子夏说："我曾经听人说过，人的生死，冥冥中自有天定，人的富贵也完全是由上天安排。君子只要恭敬地修养自己而不犯过错，对待他人谦恭有礼，那么在四海之内的所有人，都是我的好兄弟了。君子又何必忧愁没有好兄弟呢？"可见，一个谦恭有礼而又懂得尊重他人的人，必然能够赢得他人的好感，必定能够在社会交往中如鱼得水，自然无需作司马牛之叹了。

——◇◇ 当代镜鉴：礼仪是一张人际交往的名片 ◇◇——

毫无疑问，古代中国是最讲究礼仪的国家。中国传统礼仪对东亚各国影响很深，韩国礼仪中就至今保留着朱熹《朱子家礼》中表现的传统文化。然而，在现代社会中，人们对基本礼仪修养的重视却因种种原因而逐渐减弱。

礼仪是一张人际交往的名片。从社会交往来说，礼仪是一个人的立身处世之本，也是一门待人交友的学问。每个人都要置身于社会之中，都少不了与他人交往，一个人不论身处何方，都要懂礼仪。礼仪不仅能展现个人的外在风度，还能表现出内在的修养和学识。

所以，一个有礼仪的人，是内外兼修的。内在方面，礼仪源于健全的心智、高尚的品德。外在方面，礼仪表现为个人的风度和气质。个人的风度和气质并不是虚无缥缈的东西，而是能通过人的言谈举止、神态表情，甚至服装发型等展现出来的。要想成为一个风度翩翩、气质不俗的人，就要学习礼仪，将礼仪知识内化于心、外化于行，在生活中以礼待人。"礼貌"是在我们的日常生活中、在实际的人际交往中应该具备的礼仪，表现在人们的言语和行为中。懂礼貌就是与人交往时态度诚恳，言语友善，做事有分寸，等等。

◎ 精彩典故：

孟子休妻

孟子，名轲，字子舆。战国时期著名的思想家、政治家和教育家，是孔子之后儒家学派的主要代表人物。后世尊奉孟子为仅次于孔子的"亚圣"。

孟子的哲学思想、教育思想为后世留下了宝贵的精神遗产，而他的这些成就与他从小受到的孟母的教育是分不开的。孟母是一位慈爱、智慧，同时又严格的母亲。在孟子的幼年时期，就有"孟母三迁""孟母断织"等故事，为后世树立了教子的榜样。就算到孟子娶妻成家后，孟母也不忘在日常生活中经常启发孟子，使他的人格更加完善，品德更加高尚。

　　有一天，孟子的妻子独自在卧室休息，因为没有其他人，她便放松地将双腿叉开坐着。这时，孟子走了进来，一向守礼好德的孟子看到妻子这样坐着，非常生气。原来，在古时，双腿伸开而坐是一种傲慢无礼的表现，人们称这种动作为"箕踞"，就是形容这种坐姿看起来像箕一样。孟子走出房间，一见到孟母就说："我要把妻子休回娘家去。"孟母问道："这是为什么？"孟子说："她既不懂礼貌，又没有仪态。"孟母问："因为什么而认为她没礼貌呢？""她双腿叉开坐着，箕踞向人，"孟子回答说，"所以要休她。""那你又是如何知道的呢？"孟母又问。

　　孟子便将刚才的事情告诉了孟母，孟母听完，对他说："那么没礼貌的人应该是你，而不是你妻子。难道你忘了《礼记》上是怎么教人的？进屋前，要先问一下里面是谁；上厅堂时，要高声说话，为避免看见别人的隐私；进房后，眼睛应向下看。你想想，卧室是休息的地方，你不出声，不低头就闯了进去，已经失去了礼，怎么能责备别人没礼貌呢？没礼貌的人是你自己呀！"

　　这番话让孟子恍然大悟，心服口服，再也不提休妻的事了。

礼者
所以正身也

子曰："上好礼，则民易使也。"
——《论语·宪问》

释文：
孔子说："在高位的人能遵循礼法，那么百姓就容易指使了。"

——◇ **国学链接："礼"在中国古代社会的地位** ◇——

"礼"作为中国古代社会的规章制度和道德标准，在典章制度方面，体现了社会的政治制度，维护着古代社会的上层建筑，规定着人与人交往过程中的礼节和仪式；在道德标准方面，体现了古代统治阶级的行为规范和要求。在孔子以前，已有夏礼、殷礼、周礼。夏、殷、周三代之礼，因袭相沿，到周公时代的周礼，已比较完善。在长期的历史发展中，礼在中国社会是一种道德规范和行为准则，推动着中华文明不断进步。随着社会的不断发展，礼也不断被赋予新的内容。

◎**诸子之言：**

"礼"是以个人的自律、正身来实现其约束性的。《荀子·修身》曰："礼者，所以正身也。""无礼何以正身？"意思是说：礼，是用来端正身心的。没有礼，用什么来修正自己的行为？古代的"礼"对社会上各个等级的人的言行都有相应的规定，每个人都要用"礼"的标准来约束自己，言行要"顺乎礼义"，做到以礼制欲。尤其是身居高位的领导者更要以身作则，成为在下位者的榜样。

也就是说，领导者要通过自身德性的修养，来达到"子帅以正，孰敢不正"（《论语·颜渊》）的效果。假如领导者连自身行为都不能端正，还怎么能令下级信服呢？正如孔子所说："苟正其身矣，于从政乎何有？不能正其身，如正人何？"（《论语·子路》）对此，唐太宗有很深的认识，他说："若安天下，必须先正其身。未有身正而影曲，上理而下乱者。"（《贞观政要·论君道》）

在《周书·苏绰传》中，也对此做了形象比喻："凡人君之身者，乃百姓之表，一国之的也。表不正，不可求直影；的不明，不可责射中。今君身不能自治，而望治百姓，是犹曲表而直影也；君行不能自修，而欲百姓修行者，是犹无的而责射中也。"意思是说：身为君主，就是百姓的标杆，国家的箭靶。标杆不正直，就不可能有笔直的影子；箭靶不清楚，就不能令人射中靶心。如果君主做不到自律正身，却想要治理百姓，这就像要求弯曲的标杆能有笔直的影子；如果君主做不到修养自己的行为，却要求百姓能修养自己的行为，这就像没有箭靶却要人射中靶心。

——◇◇ 延伸思辨："其身正"未必能够"不令而行" ◇◇——

孔老夫子有句名言："其身正，不令而行；其身不正，虽令不从。"（《论语·子路》）与此意相近的还有一句："苟正其身矣，于从政乎何有？不能正其身，如正人何？"纵观《论语》一书，类似的论述还有很多。可见，在他看来，执政者自身的品行如何，对"令"能否行得通是起首要作用的。

先正己后正人，要求别人做到的自己先做到，起好表率带头作用，这是"其身正"。只正人不正己，要求别人做到的自己根本就做不到或不想做到；嘴巴说得天花乱坠，干的却是见不得人的勾当，表里不一，言行相悖，不仅无人听，还令人嗤之以鼻，这是"其身不正"，带来的结果必然是"虽令不从"。

"其身不正，虽令不从"，是肯定无疑的。但"其身正"，果真就能"不令而行"么？答曰：未必！诸葛亮说："人君先正其身，然后乃行其令。"（《便宜十六策·教令》）事实上，"其身正"也好，"正其身"也罢，都只是打下了个好的基础，创造了一个好的条件，使"令"行起来理直气壮，有榜可依，有样可学；但这绝不等同于只要上面其身一正，下面人人都会闻风而动，令行禁止了。要知道，总有会那么一些人在找对策、顶风干、打擦边球，甚至视而不见。问题的核心还在于健全体制、完善机制、搞好监督，用以规范那些"其身不正"的人，使之"跟我来"！所以说，作为执政者，既要"其身正"，还要去正人。

──◇ 当代镜鉴：领导者要身先士卒做表率 ◇──

"火车跑得快，全靠车头带。"在现代国家及社会治理中，领导者对下属有着重要的先导和示范作用。领导干部自身"形象"聚焦着大众的认知，具有风向性引领作用，领导干部的素质能力、学习能力、执行能力、统筹协调能力，在国家的治理和社会主义建设实践中起着至关重要的作用。领导干部发挥表率作用对我国实现社会和国家治理现代化具有重要意义。

领导干部如果抱着"当官做老爷"的心态，就会使下属工作人员没有"战斗力"，人民群众没有"凝聚力"，造成人力资源的浪费、损坏"人民公仆"形象；领导干部如果素质能力低，制度执行能力差，统筹协调能力不强，就会降低工作效率、影响工作质量、造成物力资源的浪费、损害人民群众的根本利益；领导干部如果责任意识不强，对待工作不能以身作则，遇到困难不能身先士卒、勇挑重担，只会甩膀子、丢担子，就会使下属工作人员没有"执行力"，人民群众没有"向心力"，不利于工作的开展和制度的贯彻落实；领导干部如果没有勇于作为、敢于担当的精神，批评同事怕伤和气、管理下属怕伤面子，就容易产生"不作为、乱作为、慢作为"的消极腐败意识。

习近平同志曾强调："广大党员、干部必须带头学习和弘扬社会主义核心价值观，用自己的模范行动和高尚人格感召群众，带动群众。"① 因此，领导干部要发挥好表率作用，放下官架子、拿出官样子，不断提升工作积极性，加强自身素质和能力的培养，提高制度执行力，提高统筹协调能力，提高科学决策能力。同时，领导干部要不断强化责任意识，勇于"作为"，敢于"担当"，在工作上要身先士卒做表率，严格履行职责，严格抓好班子，严格带好队伍，树立良好形象，展现美好风采。

"打铁还需自身硬，绣花要得手绵巧。"习近平总书记曾经用这样一句俗语来描述中国共产党自身的建设问题。这充分体现了习近平总书记对党的自身建设的高度重视。治国先治党，党必须做好自身建设，做到"既要硬，也要正"，保持先进性和纯洁性，这样才能治理好国家。

◎ **精彩典故：**

季康子问政

鲁国有三家大夫：孟氏、叔氏、季氏。尤其是季氏一家，权力特别大。季康子二十几岁就已经当上鲁国的正卿，这时候孔子正在担任国家顾问，季康子就来向孔子请教应该如何从事政治。孔子的回答很简单：当政者带头走上正道，谁敢不走正道？

---

① 中共中央文献研究室.《习近平关于社会主义文化建设论述摘编》[M].中央文献出版社,2017.第109页.

　　当时鲁国的强盗很多，季康子又问盗贼太多怎么办。孔子说："如果你自己不贪求财货，别人也不会去当强盗了。如果领导人不那么贪心，百姓也会有廉耻之心，懂得自重自爱。"

　　季康子接着请教孔子，如果我把那些为非作歹的人都杀掉，去亲近那些修德行善的人，这样做如何？孔子回答说："您负责政治，何必要杀人？您有心为善，百姓就跟着为善了。政治领袖的言行表现，像风一样；一般老百姓的言行表现，像草一样；风吹在草上，草一定跟着倒下。"

　　孔子的用心是希望领导者"以身作则"，用自身德行的端正来为老百姓树立榜样，从而使国家得到治理。就好像北极星一样，北极星的位置不动，别的星辰环绕着它各居其位，既和谐又有序。孔子以舜为例向季康子说明这一点，舜只是以端庄恭敬的态度坐在王位上，就把国家治理好了。为什么？因为他治国的时候先修养自己的德行，当政者成为善的典型，老百姓就会朝着善的方向走。所以，当政者千万不要随便去杀人，以为把坏人通通杀掉，就能把国家治理好。如果这个办法成立，恐怕国家都剩不下多少人了。

一碗水端平
才可以赢得
众人心

丘也闻：有国有家者，不患寡而患不均，不患贫而患不安。

盖均无贫，和无寡，安无倾。

夫如是，故远人不服，则修文德以来之；既来之，则安之。

——《论语·季氏》

释文：

我听说士大夫都有自己的封地，他们不怕贫困而怕分配不均匀，不怕人口少而怕不安定。财物分配公平合理，就没有贫穷；上下和睦，就不必担心人少；社会安定，国家就没有倾覆的危险。依照这个道理，远方的人不归服，就发扬文治教化来使他归服；使他来了之后，就要使他安定下来。

———◇◇ 国学链接：何谓"祸起萧墙" ◇◇———

"祸起萧墙"这个成语出自《论语·季氏》，比喻内部发生祸乱。萧墙是古代国君宫殿大门内（或者大门外）面对大门起屏障作用的矮墙，又称"塞门"；萧墙的作用，在于遮挡视线，防止外人向大门内窥视。

◎诸子之言：

孔子主张不通过军事手段而采用礼、义、仁、乐的方式来解决治理国家的问题。因此，孔子提出"不患寡而患不均，不患贫而患不安"。朱熹对此句的解释是："均，谓各得其分；安，谓上下相安。"所谓"均"也就是指公平公正，处理事情合情合理，不偏袒任何一方。

古人崇尚公平，尤其表现在为政之中。《尚书·洪范》曰："无偏无党，王道荡荡；无党无偏，王道平平。"意思是做到公平无私，才能使王道广远、平坦，顺利推行。类似这样的观点有很多。例如，宋代的陈襄在《州县提纲》中说："事惟公平可以服人心。"明人汪天锡则在《官箴·集要》中说："夫居官守职以公正为先，公则不为私所惑，正则不为邪所媚，凡行事涉邪私者，皆由不公正故也。"在他们看来，坚守公平，才可以服人心，治理国家才能成竹在胸，有备无患。难怪武则天感叹说："理人之道万端……公而已矣""公正无私，其事易立"。

在用人、管人上古人尤其注重公平。如《论语·卫灵公》中所说的"君子不以言举人"，《左传·昭公二十八年》中的"夫举无他，唯善所在，亲疏一也"，《贞观政要·公平》中的"能举用得才，虽是子弟及其仇嫌，不得不举"，等等，都是在强调选人、用人要公平，不能因为与管理者关系的亲疏远近而有所偏私。另外，古人竭力主张赏罚公平，强调赏当其劳，罚当其罪，做到荀悦《申鉴·政体》中所说的"赏以劝善，罚以惩恶"。否则，赏罚起不到应有的效果，管理也就失败了。因此，诸葛亮说："赏不可虚施，罚不可妄加。"

在这方面，唐太宗给管理者提供了一个很好的范例。他不仅提出"为官择人，唯才是与"的主张，而且强调评定功勋官职应该"记勋论赏"，对皇亲国戚"不可缘私滥与勋臣同赏"。

那么，如何才能做到公平呢？公平必须以公心为基础。一是要无私心，《尸子·治天下》曰："无私，百智之宗也。"二要心虚，所谓"心虚"指灵明无欲念。三要心平，"平者，义之本也"，如果"不平其心，虽好事亦错"。四要心正，即要公道正派，因为"邪则欹（倾斜），正则平"。只有做到了以上四点，才能以一颗公心来进行公平治理，才能达到理想的治理效果。

——◇◇ 延伸思辨：国家治理切忌掺杂私人感情 ◇◇——

在国家治理实践中，部分领导干部在对待下属时常常犯有所偏私的错误。这些领导干部对平时与自己私人关系比较好的，或是善于阿谀奉承的下属会格外关照，甚至在这些下属犯了错误的时候睁一只眼闭一只眼，一味迁就，这对国家和社会的有效治理是非常不利的。

作为领导干部要明确自己的身份，不应把私人感情与工作关系混淆起来。在处理工作事务的时候，要坚持公平、公正的原则。对待下属要一视同仁，不分远近，不分亲疏。虽然有时做不到绝对的公平公正，但也要最大限度地让下属感受到处理方式是相对公平公正的，是可以接受的。不能让下属感觉受了委屈和不平，因而无法安心工作，影响工作的顺利完成。

——◇◇ 当代镜鉴：领导干部要"一碗水端平" ◇◇——

中国有句俗话，叫"一碗水端平"，其本意是讲主持公道，处理事情公平合理。它用一种形象的比喻阐述了社会治理实践中一个比较重要的问题，即领导干部分析情况，思考问题，处理政务，必须像端一碗水那样，既要平衡，又要稳当，如果有所偏倚，势必导致水倾流而出。只有做到公正、公平、合理，才能服众，才能最终赢得人民的信赖，才能调动人民的积极性和主动性。

遇到突出矛盾或敏感问题，靠非常手段"摆平"，靠感情协调"抹平"，靠强制压服"铲平"，对领导干部来说都是不可取的，选择一碗水端平才是真正的水平。

坚持一碗水端平，有利于营造好的风气。凡是那些风气好的单位，一个共同特点就是办事公道；有的单位风气坏，也坏在处事不公上。公道正派，是纯正风气的关键所在。只要严格按照规矩来，再难挡的"人情风"也会知难而退，再棘手的敏感问题也会迎刃而解。相反，如果搞变通、徇私情，有些事情虽然能暂时解决，但容易导致问题积累、矛盾激化，难办的事情会更加难办。

坚持一碗水端平，有利于树起好的形象。"公生明，廉生威"，领导干部赢得人民信任，要靠人格的魅力。领导干部坚持一碗水端平，见证的是能力和担当，体现的是境界和党性。

"人心就是力量"，一个政党、一种政权究竟能否不断前进和发展，归根到底取决于人民群众是否拥护、是否信任。因此，在国家治理中，要增强国家的凝聚力，激发人民的向心力，实现国家发展目标，关键在于建立一个以公平原则为基础的发展机制。可以说，公平是国家治理的重要原则，执政者能否秉持这一原则关系到国家发展目标的实现程度。

◎**精彩典故：**

戴胄断案

唐代大理寺少卿戴胄，办事向来公平。一次，唐太宗李世民的大舅子、长孙皇后之兄长孙无忌带刀入宫，宫门口站岗的监门校尉并未发现。按照《唐律》，长孙无忌和监门校尉都犯了法。可是，当朝宰相封德彝却说："无忌是一时疏忽，不能算犯法。校尉太过大意，应该杀头。"唐太宗闻言，居然同意照办。这时，戴胄挺身而出，明确表示这样量刑不公。他说："无忌带刀入宫，校尉没有发觉，两方面都是由于一时疏忽，如果量刑，应一视同仁，怎么能重此轻彼呢？"戴胄说得理直气壮，有根有据，唐太宗只好答应重新商议。

当再次商议时，封德彝仍力主原判，戴胄便据理辩驳，寸步不让，坚决要求据法重新判决。唐太宗觉得戴胄说得有理，终于接受他的意见，将长孙无忌和校尉都予免罪。长孙无忌乃"国舅"，功绩卓著，开国元勋；封德彝是当朝宰相，大权在握，更有皇帝偏袒。而监门校尉，不过是个皇宫门口站岗放哨的小吏而已，可是戴胄不畏权贵，秉公直言，坚持公平断案，实属不易。正因为他态度公平合理，唐太宗最终才采纳了他的意见。

后记
AFTERWORD

　　随着键盘的最后一声敲击，人类永远无法从记忆中抹掉的 2020 年就要逝去。

　　"甘瓜抱苦蒂，美枣生荆棘。"中华民族一路走来，苦难辉煌。以"礼仪之邦"著称的中华民族得到了黑格尔批判性的肯定。这位曾经担任过柏林大学校长的德国哲学家在他的《历史哲学》（中国篇）中认为："历史必须从中华帝国说起，因为根据史书的记载，中国实在是最古老的国家。《礼记》或者又叫做《礼经》，以及《春秋》等，这些典籍专载帝王威仪和国家官吏应有的风俗礼制，便是中国历史、风俗和法律的基石。这个帝国早就吸引了欧洲人的注意，虽然他们所听到的一切，都是渺茫难凭。这个帝国自己产生出来，跟外界似乎毫无关系，这是永远令人惊异的。"黑格尔所讲的这种中国特质的世界呈现，从某种意义上讲，指的就是中华文化的主体性，而礼文化就是这种主体性的确证。

　　在中国优秀传统文化中，礼文化及其内嵌的礼治精神一直占据着先锋地位。礼文化代表着中华民族的交往观念，其历史源远流长。礼起源于原始社会的物质交换，"来而不往，非礼也"，正是礼的原初涵义。周文王制礼，形成系统的典章制度和各种繁文缛节，确立起亲亲尊尊的原则，礼从而发展成一种人道与政教相结合的制度。大儒孔子对礼正名，将礼升华为礼治精神，上升到政治理想的高度，并且阐发了礼的信仰价值，从而奠基了礼的伦理本体价值论基础。

中华礼文化伴随着中华民族传统文化一路走来，形成了以精神礼文化为核心的物质礼文化、制度礼文化、行为礼文化等形态，属中华文化的有机组成部分。显性和隐性构成它的重要表现特征，显性的礼文化通过建筑艺术等物质存在方式表征，隐性的礼文化日用而不知，内化于心，外化于行，成为他者识别中华民族的精神脸谱。一句话，中华礼文化是中华物质礼文化、制度礼文化、行为礼文化以及精神礼文化的总称。

和合精神是中华礼文化的不散之魂。在世界百年未有之大变局的中国，中华礼文化中的这种核心元素，对促进民族的伟大复兴和破解世界百年未有之大变局无疑具有重大的理论和现实意义。

这本书的出版过程中得到许多学者的指导和帮助，在这里我要特别感谢北京大学丰子义教授欣然为这本书作序，感谢湖北人民出版社原资深编辑吕薇的荐稿，感谢华中农业大学副教授霍军亮的读稿，感谢弟子们的校对。

　　特别一提的是，当湖北美术出版社编辑彭昕找到我写这本书时，我欣然应允，在此，我还要特别感谢湖北美术出版社总编辑余杉女士以及她的团队，没有她们的辛勤劳动，就没有大家看到的这本拙作。

　　最后，我坚信中国礼文化的未来是可期待的，因为越来越多优秀的年轻群体已经主动寻找并承担起传承的重任，期待中华礼文化在世界范围内发扬光大。

项久雨

2020 年 12 月于珞珈山下

参考文献

[1]（春秋）孔子．四书五经详解 [M]．北京：中国华侨出版社,2013.

[2]（春秋）孔子．春秋左传 [M]．哈尔滨：北方文艺出版社,2013.

[3]（汉）郑玄注．礼记正义 [M]．北京：北京大学出版社,1999.

[4]（汉）郑玄．周礼 [M]．长沙：岳麓书社,2006.

[5]（汉）司马迁．史记 [M]．北京：中华书局,2013.

[6]（汉）班固．汉书 [M]．北京：中华书局,1962.

[7]（汉）贾谊．贾谊新书译注 [M]．哈尔滨：黑龙江人民出版社,2003.

[8]（清）阮元．十三经注疏 [M]．北京：中华书局,2009.

[9]（魏）王弼注．老子道德经注校释 [M]．北京：中华书局,2008.

[10]（清）孙星衍撰．尚书今古文注疏 [M]．北京：中华书局,2004.

[11]（战国）韩非．韩非子新校注 [M]．上海：上海古籍出版社,2000.

[12]（清）陈立．白虎通疏证 [M]．北京：中华书局,1994.

[13]（清）苏舆．春秋繁露义证 [M]．北京：中华书局,1992.

[14]（明）王守仁．王阳明全集 [M]．上海：上海古籍出版社,1992.

[15]（清）刘宝楠．论语正义 [M]．北京：中华书局,1990.

[16]（清）孙希旦．礼记集解 [M]．北京：中华书局,1989.

[17]（宋）郑樵．通志 [M]．北京：中华书局,1987.

[18]（清）郭嵩焘．郭嵩焘诗文集 [M]．长沙：岳麓书社,1984.

[19]（清）王聘珍．大戴礼记解诂 [M]．北京：中华书局,1983.

[20]（清）王先谦．荀子集解 [M]．北京：中华书局,1988.

[21]（宋）程颢,（宋）程颐．二程集 [M]．北京：中华书局,1981.

[22] （美）本杰明·史华兹.古代中国的思想世界[M].南京:江苏人民出版社,2014.

[23] （英）阿姆斯特朗.轴心时代[M].海口:海南出版社,2010.

[24] （美）塞缪尔·亨廷顿.文化的重要作用[M].北京:新华出版社,2009.

[25] （德）弗里德里希·黑格尔.历史哲学[M].上海:上海书店出版社,2001.

[26] （美）克利福德·格尔兹.文化的解释[M].上海:上海人民出版社,1999.

[27] （法）列维·布留尔.原始思维[M].北京:商务印书馆,1981.

[28] （美）露丝·本尼迪克特.文化模式[M].北京:生活·读书·新知三联书店,1988.

[29] （德）弗里德里希·恩格斯.家庭、私有制和国家的起源[M].北京:人民出版社,1972.

[30] （美）丹尼尔·贝尔.资本主义文化矛盾[M].北京:三联书店,1989.

策　　划 - 余　杉

责任编辑 - 彭　昕

特约编辑 - 邱　实

文字编辑 - 韩荣刚

技术编辑 - 李国新

书籍设计 - AKU

排版制作 - 左岸工作室

湖北美术出版社

专业之道　尽精尽微

图书在版编目（CIP）数据

中华礼文化精讲 / 项久雨著 .

-- 武汉：湖北美术出版社，2021.5

ISBN 978-7-5712-0552-2

Ⅰ . ①中… Ⅱ . ①项… Ⅲ . ①礼仪－文化研究－中国

Ⅳ . ① K892.26

中国版本图书馆 CIP 数据核字 (2020) 第 234808 号

出版发行：长江出版传媒　湖北美术出版社

地　　址：武汉市洪山区雄楚大街 268 号

电　　话：87679507（编辑）　87679525（发行）

邮政编码：430070

印　　刷：武汉市金港彩印有限公司

开　　本：889mm×1194mm　1/16

印　　张：16

版　　次：2021 年 5 月第 1 版　2021 年 5 月第 1 次印刷

定　　价：48.00 元